中华复兴之光
千秋名胜古迹

壮丽城楼城墙

李姗姗 主编

汕头大学出版社

图书在版编目（CIP）数据

壮丽城楼城墙 / 李姗姗主编. -- 汕头 : 汕头大学
出版社，2017.1（2023.8重印）
　（千秋名胜古迹）
　ISBN 978-7-5658-2845-4

　Ⅰ. ①壮… Ⅱ. ①李… Ⅲ. ①城墙－介绍－中国
Ⅳ. ①K928.77

中国版本图书馆CIP数据核字(2016)第293524号

壮丽城楼城墙　　　　ZHUANGLI CHENGLOU CHENGQIANG

主　　编：李姗姗
责任编辑：宋倩倩
责任技编：黄东生
封面设计：大华文苑
出版发行：汕头大学出版社
　　　　　广东省汕头市大学路243号汕头大学校园内　邮政编码：515063
电　　话：0754-82904613
印　　刷：三河市嵩川印刷有限公司
开　　本：690mm×960mm 1/16
印　　张：8
字　　数：98千字
版　　次：2017年1月第1版
印　　次：2023年8月第4次印刷
定　　价：39.80元
ISBN 978-7-5658-2845-4

前　言

党的十八大报告指出："把生态文明建设放在突出地位，融入经济建设、政治建设、文化建设、社会建设各方面和全过程，努力建设美丽中国，实现中华民族永续发展。"

可见，美丽中国，是环境之美、时代之美、生活之美、社会之美、百姓之美的总和。生态文明与美丽中国紧密相连，建设美丽中国，其核心就是要按照生态文明要求，通过生态、经济、政治、文化以及社会建设，实现生态良好、经济繁荣、政治和谐以及人民幸福。

悠久的中华文明历史，从来就蕴含着深刻的发展智慧，其中一个重要特征就是强调人与自然的和谐统一，就是把我们人类看作自然世界的和谐组成部分。在新的时期，我们提出尊重自然、顺应自然、保护自然，这是对中华文明的大力弘扬，我们要用勤劳智慧的双手建设美丽中国，实现我们民族永续发展的中国梦想。

因此，美丽中国不仅表现在江山如此多娇方面，更表现在丰富的大美文化内涵方面。中华大地孕育了中华文化，中华文化是中华大地之魂，二者完美地结合，铸就了真正的美丽中国。中华文化源远流长，滚滚黄河、滔滔长江，是最直接的源头。这两大文化浪涛经过千百年冲刷洗礼和不断交流、融合以及沉淀，最终形成了求同存异、兼收并蓄的最辉煌最灿烂的中华文明。

五千年来，薪火相传，一脉相承，伟大的中华文化是世界上唯一绵延不绝而从没中断的古老文化，并始终充满了生机与活力，其根本的原因在于具有强大的包容性和广博性，并充分展现了顽强的生命力和神奇的文化奇观。中华文化的力量，已经深深熔铸到我们的生命力、创造力和凝聚力中，是我们民族的基因。中华民族的精神，也已深深植根于绵延数千年的优秀文化传统之中，是我们的根和魂。

　　中国文化博大精深，是中华各族人民五千年来创造、传承下来的物质文明和精神文明的总和，其内容包罗万象，浩若星汉，具有很强文化纵深，蕴含丰富宝藏。传承和弘扬优秀民族文化传统，保护民族文化遗产，建设更加优秀的新的中华文化，这是建设美丽中国的根本。

　　总之，要建设美丽的中国，实现中华文化伟大复兴，首先要站在传统文化前沿，薪火相传，一脉相承，宏扬和发展五千年来优秀的、光明的、先进的、科学的、文明的和自豪的文化，融合古今中外一切文化精华，构建具有中国特色的现代民族文化，向世界和未来展示中华民族的文化力量、文化价值与文化风采，让美丽中国更加辉煌出彩。

　　为此，在有关部门和专家指导下，我们收集整理了大量古今资料和最新研究成果，特别编撰了本套大型丛书。主要包括万里锦绣河山、悠久文明历史、独特地域风采、深厚建筑古蕴、名胜古迹奇观、珍贵物宝天华、博大精深汉语、千秋辉煌美术、绝美歌舞戏剧、淳朴民风习俗等，充分显示了美丽中国的中华民族厚重文化底蕴和强大民族凝聚力，具有极强系统性、广博性和规模性。

　　本套丛书唯美展现，美不胜收，语言通俗，图文并茂，形象直观，古风古雅，具有很强可读性、欣赏性和知识性，能够让广大读者全面感受到美丽中国丰富内涵的方方面面，能够增强民族自尊心和文化自豪感，并能很好继承和弘扬中华文化，创造未来中国特色的先进民族文化，引领中华民族走向伟大复兴，实现建设美丽中国的伟大梦想。

目 录

正阳门城楼

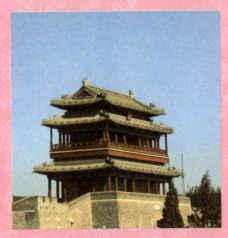

天下城门

天安门

　　天安门位于北京城的中心，故宫的南端，是明清两代皇城的正门，也是封建帝王权力的象征。

　　天安门始建于明朝，原名"承天门"，清朝时更名"天安门"。明清时期，天安门是皇城的正门，城门五阙，重楼九楹，取"九五"之数，象征着皇帝的尊严。

　　天安门城楼气势宏大，庄重威严，是我国传统建筑艺术的代表作，它以杰出的建筑成就和特殊的政治地位为世人所瞩目。

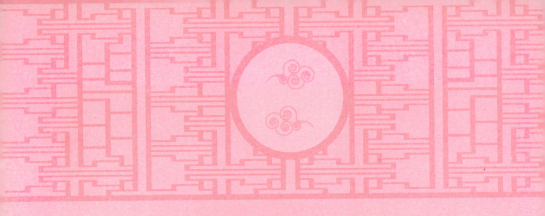

明朝初年始建承天门

　　古代北京，历来被风水学家称为"山环水抱必有气"的理想都城。其西部的西山为太行山脉；北部的军都山为燕山山脉；南口为兵家要地。两座山脉在北京的南口会合，形成向东南方展开的半圆形大山湾，环抱着北京平原。

　　北京平原的地势由西北向东南微倾。桑干河和洋河等相继在此汇合成为永定河。所以，北京在地理格局上是"东临辽碣，西依太行，

北连朔漠，背扼军都，南控中原"，特别有利于社会经济的发展和战略的控制。

北京，在唐代时为幽州，还为燕京，金代时为中都城，元代改为大都，明、清两代称北京。

在我国数千年的文明发展史上，先后有燕、前燕、大燕、辽、金、元、明和清八个朝代以北京为都城。各朝在北京大兴土木，建造了各具特色的古建筑，但最早对建筑天安门有间接影响的是元朝。

1260年，元世祖忽必烈即汗位于开平府，就是后来的内蒙古正蓝旗东部。1264年，元世祖诏令以燕京作为中都，旧址就是后来的北京城西南部的莲花池以东一带。

1272年他又改中都为元大都，并从1267年开始兴建元大都，历时18年之久，直至1285年才全部建成。

元大都当时的整体布局呈长方形，南墙位置在后来北京长安街南侧，北墙位置在后来的德胜门和安定门以北的北三环路附近，那里后

来遗存有断断续续的、被称为"土城子"的土丘，就是元大都当时最早的北城墙。

元大都从里至外分别是宫城、皇城和大城。大城周长60华里，有11个门。南面三门：正中为丽正门，就是后来的正阳门，东为文明门，西为顺承门；东面自南而北是齐化门、崇仁门和光熙门；西边自南而北依次是平则门、和义门和肃清门；北面只有两座城门，东为安贞门，西为德胜门。

元大都皇城南门叫灵星门，后来的午门一带。灵星门与丽正门之间，曾有一个"T"形的半封闭式宫廷广场，后来明清两代的宫廷广场就基本沿用其旧址，并在中间建造了天安门。元大都城墙四隅均有角楼，城外设有墩台，城内宫殿在前，坊市在后，50个街坊星罗棋布。

当时有一位名叫马可·波罗的意大利著名旅行家来到我国，看到"大汗之城"元大都富丽堂皇的宫殿和景色优美的花圃后，大为赞叹道：

城是如此美丽，布置如此巧妙，我们竟是不能描写她了。

他后来写的《马可·波罗游记》，因有大都城的记述，而使这座古城得以传播，名扬世界。那时候，元朝虽未建造天安门，但它另择新址的建筑格局以及元故宫和宫廷广场的定位，却使后来的明朝始建承天门具有了可行性。

1368年，明太祖朱元璋在南京称帝，建立了明朝。同时，明朝大将徐达统率军队攻克元大都，更名为北平。当时，明朝统治者对元大都故宫尽行拆除，以消除前王朝的"王气"。

后来，明太祖朱元璋的四子、燕王朱棣登上了皇帝的宝座，从此燕王就成了明成祖，并于1403年正月将北平改称北京，暂称"行在"，就是皇帝在外时的行都。

明成祖朱棣就位后的第一件大事，就是决定把首都从南京迁到他的"龙兴之地"北京。

据史料记载，明成祖朱棣之所以要迁都北京，主要原因是由于北京"左环沧海，右拥太行，南襟河济，北枕居庸"，"关日不下

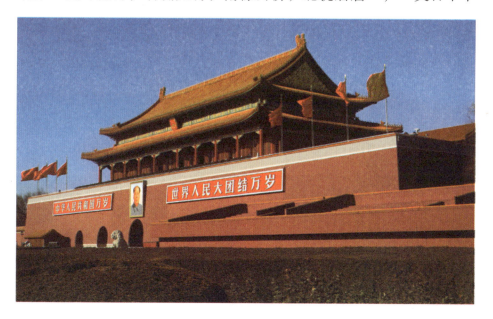

百十"，"会通港运便利，天津通海运"的优越地理位置。此外，为了控制北方和东北地区，以维护全国的安定。

1406年，明成祖朱棣分遣大臣赴各地督民采木，烧造砖瓦，并征调各地工匠、军士和民工，开始了营造北京的筹备工程。1417年，大规模营建北京的工程正式开始，当时，有个叫蒯祥的工匠，同大批能工巧匠一起被明朝选入京师。

蒯祥是江苏苏州府吴县香山人，他生于明初洪武年间，他父亲是当时很有名望的一位工匠。蒯祥深受父亲的影响，他30多岁就"能主大营缮"，是位造诣很高的木匠了。由于他技艺超群，在营造中充分发挥出建筑技艺和设计才能，很受督工建筑师蔡信等人的重用。

在北京宫殿的营建中，先后涌现出许多著名的工匠。除工于设计的督工蔡信、瓦工出身而官至工部侍郎的杨青外，还有与蒯祥同时代的著名雕刻石匠陆祥等。

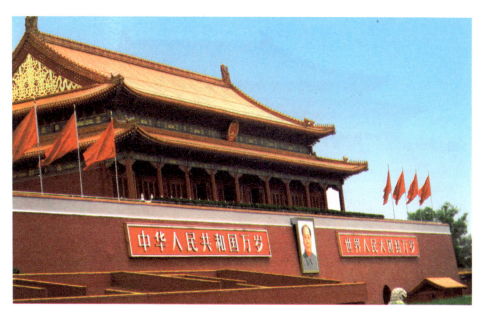

在宫殿初建阶段，蔡、杨二人起了很大作用，但他们当时都年事已高，而蒯祥正值年轻力壮，又工于计算和绘画，在蔡信、杨青去世后，大量的皇家工程便都由蒯祥主持。

蒯祥不仅对木工技术纯熟，还有很高的艺术天赋和审美意识。据记载，蒯祥能以双手握笔同时画龙，合二为一，一模一样，技艺已达炉火纯青。

营建宫殿楼阁时，他只略加计算，便画出设计图来，待工程完毕后，建筑与设计图大小尺寸分毫不差，就连当时的皇帝也很敬重他。

在建筑北京的过程中，蒯祥不论在用料、施工等方面都精心筹划，营造的榫铆骨架都结合得十分准确牢固。同时，他还将江南的建筑艺术巧妙地运用上去，如采用苏州彩画，琉璃金砖，使殿堂楼阁显得富丽堂皇。

1420年，皇宫才落成，蒯祥便因功被提升为了工部营缮所丞。

明代北京城是在元大都城基础上，吸取历代都城规划的优点，又

参照南京规制营建而成。"凡庙社、郊祀、坛场、宫殿、门阙，规制悉如南京"。

实际上，北京新建的宫殿比南京的更加壮丽。它外城包着内城南面，内城裹着皇城，皇城又包着紫禁城，全城呈现一"凸"字形。

北京内城基本上取元大都旧址，明初北墙向南移五里，至今德胜门、安定门一线，后又将南城墙向前推移到后来的正阳门一线。

内城有九门，正南为正阳门，就是元代的丽正门；在内城中央，共有六门：东有东安，西为西安，北为北安，广场南则为大明门，承天门左为长安左门，右为长安右门。

北京宫城又称紫禁城，是北京城的核心，共有四门：南为午门，北为玄武门，东为东华门，西为西华门。由于南城墙向南拓展，皇城与紫禁城也依次南移，皇城南移到后来的长安街北侧。

皇城的中门，根据明南京城的名称改称承天门，就是后来的天安门，在承天门内仿照南京城布局建造端门。

明代宫城南移到后来北京故宫的位置，正门由元代的灵星门改称午门，在营建紫禁城的同时，又利用午门前方的中心御道左右两侧，按"左祖右社"规制建造了太庙和社稷坛两组严格对称的建筑群。

此外，在承天门前开辟一个"T"字形的宫廷广场，广场东、西、南都修筑了宫墙，使广场封闭起来，并在东、西两翼和南端凸出的一面，各开一门，即长安左门、长安右门和正南方的大明门，就是后来清朝改称的大清门。

承天门属皇城中的重要建筑，建造时完全模仿南京的承天门，是紫禁城的正门，也是北京最早的天安门。它在1420年建成时的形状与后来的天安门大致相仿，但其规模较小，只是一座黄瓦飞檐的三层楼式的五座木牌坊，朱漆金钉，光彩夺目。

承天门城楼的牌坊正中高悬"承天之门"木质匾额，寓有"承天启运"和"受命于天"之意，喻示封建皇帝是"受命于天"的，替天行使权力，理应万世为尊。

相传，明太祖朱元璋创建明朝以后，为了国防安全，也曾考虑日后迁都北京。于是，他诏命明代著名开国谋士刘伯温去北京规划紫禁城。

据说，刘伯温当时也一时没想好，于是便与手下人四处看风水。有一天，忽然间，一个身穿红裤红袄的小男孩跑过，一眨眼就不见了。刘伯温觉得那个小孩很像哪吒，他的形象几乎跟后来所建北京城一致。

刘伯温突然醒悟：上天启示，要把北京城造成八臂哪吒的模样。但事实上，明太祖还未来得及动工，他便去世了。直至明成祖朱棣即位后，紫禁城才开始了大规模的修建。

知识点滴

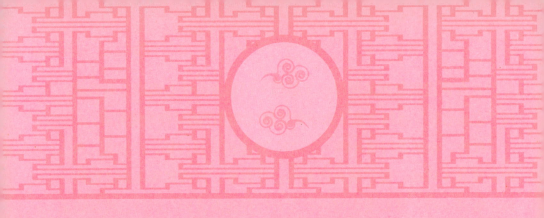

中轴线上的皇城正门

    明代的北京城由一条长达8千米的中轴线纵贯南北。外城南面正中的永定门是中轴线的起点，终点在皇城北门外的钟、鼓楼。

    全城最宏大的建筑和空间都安排在这条轴线上，其他各建筑物也都依这条轴线作有机的布置和配合，且左右对称，整个设计和布局形成一个完整和谐、前所未有的巨大建筑群。

    "无以壮丽，尤以重威"。作为皇城正门的承天门就坐落在这条

中轴线的中段上。从中轴线上宫城与皇城的建筑布局，可以看出承天门所具有的重要地位。这一切的设计布局，以及由此构成的宏伟建筑和空间，烘托出封建帝王至高无上的威严。

承天门虽是皇城的正门，但它与紫禁城的建筑是融为一体的。为了增加紫禁城前肃穆、深透的庄严气氛，设计者将紫禁城与正阳门的距离拉长了1.5千米之遥，在其间兴建了大明门、承天门和端门等建筑，一方面给紫禁城增加了意境的序幕，更主要的是为了符合《礼记》所载的三朝五门之制。

从高耸的正阳门进大明门后，开始步入帝王的统治中心，建筑物的节奏也随之有了变化。但见漫长、幽深的中心御路纵长伸远至森严、神秘的内宫，御路两旁通脊联檐的千步廊及两侧文东武西对称排列着的五府六部等中央官署，构成了一个错落有致的空间，使人目不斜视地直往天安门遥望。

　　金水桥前，宽阔的"T"字形广场给人以豁然开朗的感觉。朱红城台的背景前，五座精美的汉白玉石桥与金水桥两岸的栏墙，远远望去仿佛缠绕着一片白云，承托着宏伟壮丽的皇城正门承天门。

　　承天门往北侧端门之间仅140米，两旁工整一致的平排朝房，与天安门、端门两个高大建筑相比显得相形见绌；东有陶左门，西有阙右门，按照"左祖右社"的规制，在承天门东侧建有祭祀祖先的太庙建筑群，西侧有一组祭祀土地、五谷神的社稷坛建筑群。

　　午门以内，骤然出现一个广阔的庭院，前面横亘着内金水河，它与太和门、太和殿、中和殿、保和殿的群体建筑，构成了一个庞大而宏伟的宫廷建筑群。

　　由此可见，承天门是中轴线上的第一重门。而中轴线上这一有收敛、有放纵、有高昂、有低回的精美设计，体现了艺术上的抑扬顿挫的韵律，灵活地表现出起伏错落、平中出奇的建筑格局。

据史料《明宫城图》记载：明代初建的承天门黄瓦、朱柱，上为面阔五间的门楼，下为开有五孔的城台，外有金水桥五座对应，两侧分列石狮和华表。

在承天门城楼前，有一条河流经过。这条河曾因形似玉带，有人称它"玉带河"，或"玉河"，又因其位于元朝皇宫处，俗称"御河"。

后来因这条河的源头是从西边而来，来自京西宛平县玉泉山，流至义和门南水门入京城。所以元代按照古代阴阳五行学说西方属于金的说法，称之为"金水河"。

金水河分为内金水河和外金水河。流经故宫内太和殿门前的是内金水河，流经天安门前的金水河为外金水河。

明代以后，金水河的主要作用是保障宫廷用水和防护城垣，即所谓"金城汤池，深沟高墙"。在这一时期，皇宫扑火的几次大的火灾，都得益于金水河的水。

外金水河全长500米，河宽18米，河深约5米，河北岸边沿距天安门墙基32米。两岸均由巨型石条砌成，岸上筑有矮墙。

碧波荡漾的河水，映照着天安门城楼，格外美丽灿烂。后来，金

水河仅剩承天门前的一段，已成为承天门的装饰，而且大部分改为了暗河。

在永乐年间，明朝以元朝皇城的周桥为蓝本，建造了内、外金水桥。内金水桥位于故宫内太和门前广场内金水河上，系五座并列单孔拱券式汉白玉石桥；横亘在承天门前外金水河上的，五座并列的三孔拱券式汉白玉石桥为外金水桥。

五座造型别致、雕刻精美的石制外金水桥分别与天安门城楼五个门洞相对应。桥南距城门洞62米，桥与桥之间距离5米。

桥稍有坡度，中间出现拱面，而且桥身中间窄，两端宽，呈"][" 型。这种变化多姿、起伏曲折的线条，似彩虹飞渡，更增添了承天门的华丽。桥面略拱，桥身如虹，构成绮丽的曲线美。

据史料记载，以上五座桥创建于同一时期，而其左右的公生桥，则是后来由于明英宗正统初期创建了左右公生门而得名，左右公生门是在明朝承天门宫廷广场皇城墙长安街一线的两座坐南朝北的皇城小门，且不在皇城城门之数，为明朝五府六部进出皇城的"总门"，但无匾额。

在外金水河两岸，各有一对浑重威武、高2.2米的大石狮。这四个狮子雕刻精巧，敦实勇猛，神灵活现，栩栩如生，它们自明朝永乐年间就蹲守在天安门前了。两对石狮雌雄东西成对，相互呼应。

东为雄狮，它右爪抬起，在玩弄绣球，俗称"狮子滚绣球"，象征帝王寰球一统的威严统治，其权力统一环宇；西为雌狮，它左爪抬起，在戏弄幼狮，象征子嗣昌盛，繁衍绵延之意。

两对石狮的头都歪向内侧，以示其保护中路。东边的雄狮头略向东歪，而眼睛却向西看，西边的雌狮头略向西歪，而眼睛却向东注视，它们都双目圆睁，全神贯注地紧盯着承天门前正中间的御道，仿佛表明它们也是皇帝的忠实卫士。

狮子的雕刻很有特点：广阔的前额，卷曲的鬃毛，撅起的鼻子，张开的大嘴，健壮的筋骨，圆阔的肌肉，加上身上披挂的璎珞彩带和铃铛，显得既威武勇猛又和善柔顺。其雕工精美，造型逼真，活灵活现，栩栩如生，是我国石狮中的精品。

在承天门前后，各矗立有一对汉白玉浑圆精美的雕龙柱子，名叫"华表"，又称"望柱"，始建于明代永乐年间，每对华表间距为96米，每根华表由承露盘、柱身和须弥座柱础组成，通高为9.57米，其直径为0.98米，重约20吨。

华表是中华民族的传统建筑物，有着悠久的历史。相传华表既有道路标志的作用，又有过路行人留言的作用，在原始社会的尧舜时代就出现了，当时称"诽谤木"。尧时的诽谤木以横木交于柱头，指示大路的方向，并用以王者"纳谏"。

承天门前的华表仍然保持了尧时诽谤木的基本形状。可见，华表不单纯是一个建筑物的装饰品，而且还是提醒古代帝王勤政为民的标志。在我国封建社会，华表为帝王增添了气魄和尊严，是封建皇帝权力的象征。

华表柱头上的部分叫"承露盘"。相传，汉武帝刘彻曾命人在神明台上立一铜铸的仙人，双手举过头顶，托着一个铜盘，承接天上的甘露，以为喝了甘露便可长生不老。

后来，这种形式便流传下来，并且取消了仙人，简化为柱子上面放一只圆盘。盘上有一蹲兽，名"望天"，古时一般都称它"犼"。

传说，"犼"是一种形似犬的瑞兽，喜好张望，根据所望方位不同，表达的意义也不相同。天安门前面的一对石犼，犼头朝向南方，意思是盼望皇帝不要久出不归，故而称为"望君归"。

承天门后面的一对华表上面的石犼，犼头朝向北方，望着紫禁城，意思是希望皇帝不要久居深宫不知人间疾苦，应该经常出宫体察民情，所以称为"望君出"。

华表的柱身呈八角形，一条巨龙盘旋而上，龙身外布满云纹，汉白玉的石柱在蓝天白云的衬托下真有巨龙凌空飞腾的气势。柱身上方横插一块云板，上面雕满祥云。

华表的基座为八角形汉白玉须弥座，四面雕刻着云龙图案。在华表基座外有一圈石栏杆，外面四周环绕白石雕花栏杆，栏杆的四角石柱头上各雕有一只憨态可掬的小石狮子，它们头朝的方向与承露盘上的石犼一致。栏杆不但对华表起到了很好的保护作用，还将华表烘托得更加高耸、秀丽、庄严肃穆。

周桥的设计师和主持建造者，是元朝一位普通石匠河北曲阳的杨琼。曲阳盛产玉石，石雕技艺唐宋以来已闻名于世。杨琼出身于石工世家，他的石雕"每出自新意，天巧层出，人莫能及焉"。

1276年，修建元皇城崇天门前的周桥，很多人画了图送上去，都未选中，而杨琼的设计方案，使元世祖忽必烈十分满意，下令督建。

《故宫遗录》中记有：这周桥"皆琢龙凤祥云，明莹如玉，桥下有四百石龙，擎戴水中；甚壮"，为皇城增色不少，因而明皇城的建造者，把它照样搬来，用以营造金水桥了。

知识点滴

承天门城楼的精美装饰

　　古代皇宫建筑对做工与装饰都特别讲究，其装饰艺术中布局的大小规格、严谨程度直接影响着整个建筑象征性的表达。

　　作为皇宫的正门承天门，屋顶上熠熠生辉的琉璃瓦、龙吻和栩栩如生的仙人走兽，大殿内外的斗拱、梁枋与和玺彩绘以及城门与门钉的使用，自然是皇权和封建等级制度的象征性体现。

　　在承天门城楼大殿的屋顶上，覆盖着上千块金黄色的琉璃瓦。这些古朴的琉璃构件，在阳光的照射下，流光溢彩，散射出

耀眼的光辉，使这座建筑愈显得美丽华贵，气势非凡。

琉璃建筑构件的出现，最早的史籍记载见于北齐时魏收撰写的《魏书》，书中的《西域传大月氏》中记载：

世祖时其国人商贩京师，自云能铸石为五色琉璃，于是，采矿山中，于京师铸之，既成，其光泽乃美于西方来者。仍诏为行殿，容百余人。

可见，从那时起，琉璃就以它华美的色泽和良好的防水性能与建筑结下了不解之缘。琉璃的色彩种类很多，有黄、绿、青、蓝、黑、白和翡翠等十几种。

明朝以后，黄色多用于皇宫和重要的庙宇处，绿色多用于宫廷内的一般殿宇、城门庙宇和王公府第等处，黑色常见于庙宇和王公府第，蓝色预示无穷，只用于与隆重祭祀有关的建筑，如天坛祈年殿。

在承天门城楼屋顶正脊的两端，有一对华丽的翘首琉璃装饰物，

古代称为龙吻，因在正脊上，又称之为大吻或正吻。

　　龙吻高3米多，宽2米多，重约4吨，由13块琉璃构件组成，俗称'十三拼'。承天门共有正脊一条，垂脊八条，在正脊与垂脊上共有10个龙吻，故又有"九脊封十龙"的说法。

　　龙吻表面饰龙纹鳞甲，四爪腾空，龙首怒目，张口吞住正脊，脊上插有一柄宝剑。在古代建筑中，龙吻不但是一种重要的装饰物，而且由于它衔接了殿顶正脊与垂脊之间的重要关节，从而起到了使殿顶更加封闭、牢固和防止雨水渗入的作用。

　　古代建筑正脊两端的龙吻，过去又称为'鸱吻'。它的演变过程大体为，由鸱尾到鸱吻至龙吻。唐代以鸱吻为主，明代以后才由龙吻取代了鸱吻。据《唐会要》所记载：

　　　　汉柏梁殿灾后，越巫言海中有鱼，虬尾似鸱，激浪即降雨，遂作其像于屋上，以压火祥。

　　鸱尾的形状呈月形，有点像鱼的尾巴，又有点像鸟，人们当时把它装饰在屋顶上，有"辟火"镇灾之意。

　　明朝承天门的龙吻嘴张得很大，可以吞住正脊的盖脊瓦、正脊筒和群色条三部分，而后来的清代龙吻张得较小，仅能吞住盖脊瓦和正脊筒，群色条在龙嘴的下唇以下了。

　　在承天门正脊上的龙吻，其颈背上还插有一把宝剑，并露出伞形剑靶。它起装饰龙吻，增加其华丽气势的作用。除正脊上的龙吻外，两坡垂脊上也各有一龙吻，亦称垂脊吻，其体形略小，呈前趋势，起封护两坡瓦垄和装饰垂脊的双重作用。

　　在我国古代宫殿的建筑中，屋脊的装饰是其重要的一部分。承天门除了正脊、垂脊上的龙吻外，在八条垂脊上还有72个栩栩如生的仙人走兽。每条垂脊最前面的是一个骑着似凤非凤、似鸡非鸡的仙人领路，称之为"骑鸡仙人"。

　　仙人之后依次是龙、凤、狮子、天马、海马、狻猊、押鱼、獬豸和斗牛九个形态各异的走兽。它们俨然一副昂首摆尾、欲上九天揽月的姿态。

九个走兽各有各的含义。龙为万物之首，凤为百鸟之王，龙、凤是吉祥富贵的象征，取其吉利之义；狮子乃兽中之王，狻猊传说为能食虎豹的猛兽，亦是威武百兽率从之意；天马、海马在古代是尊贵的象征，寓意皇家的威德可通天入海；押鱼是海中异兽，能兴风作浪，传说是防火、灭火能手。獬豸外形似龙又有尾，似狮却生角，性情忠直，善于分辨曲直，含主持公道之意；斗牛是身披鳞甲又有龙的神态且外形似牛的一种异兽，能消灾灭祸。

关于这些走兽的含义人们说法不一，但总体上不外乎镇灾除恶、逢凶化吉，体现着皇家殿宇的威严和吉祥富贵。

仙人走兽和龙吻一样，不单纯是檐脊上的装饰物，还是檐脊上不可缺少的组成部分。"骑鸡仙人"的作用是固定垂脊下端的第一块瓦件，其他走兽的功能是遮住两坡瓦垄交汇点上的三连砖上口，保证雨水不从三连砖处渗入。由于它们的存在，完美地起到了密封、防漏和加固的作用。

在明朝殿宇的等级不同，走兽数目也有着严格的等级区别。按古建形制，一般多采用三、五、七、九奇数，最高为九个，不包括仙人，如承天门、端门、乾清宫等，但太和殿却破例在九个走兽后边又加上一个名为"行什"的走兽，达到十个，为宫殿走兽中最多的一例，充分体现出该建筑的不同凡响。

殿宇降级，走兽数目也随之减少，一般皇帝居住和处理政务的地方为九个，皇后寝宫坤宁宫为七个，嫔妃居所东西六宫为五个，有的甚至是一个。减掉的走兽是减后不减前，而且要成奇数。另外，走兽的尺寸、颜色视殿宇等级也有明显区别。

在承天门大殿翘边翘角的飞檐下，是令人眼花缭乱而又排列有序的斗拱和梁枋。斗拱为我国传统木构架体系建筑中所独有，是由外形方木弓形横木组成的具有翘、昂、拱特点的木制构件。

斗拱在西周、战国时代就已出现，唐宋时，只是为了加强建筑结构的整体作用，明时，则成为柱网和屋架间的主要装饰。

色彩艳丽、上下叠落、层层咬合的斗拱，是柱与屋顶的过渡部分，不但能使屋檐上翘和向外伸展，而且起到了承受屋顶重量并分散到柱身上的作用。斗拱自唐代发展成熟后便规定民间不得使用。

梁枋又分为额枋和檐枋。承天门屋檐斗拱下面是额枋，上边绘有华丽的彩画和金龙图案；大殿柱顶部位，柱子之间相互联系的构件叫檐枋，绘有龙凤和玺图案。一般较长梁枋构件的彩画分为五段，两端部分称箍头，其内侧为找头，中间称为枋心。

和玺彩绘是我国古典建筑中一种特有的装饰艺术，也是彩绘形式中最为高级、最为尊贵的彩画作。主要用于宫殿、坛庙等大型建筑物的主殿。

梁枋上的各个部位主要线条全部沥粉贴金，金线一侧衬白粉或加晕，用青、绿、红三种底色衬托金色，看起来非常华贵。和玺彩绘分为"金龙和玺"、"龙凤和玺"和"龙草和玺"三种。

承天门大殿环廊采用的是金龙和玺图案。整组图案以各种姿态的龙为主要内容，枋心是二龙戏珠，找头中青地为升龙，就是龙头向上，绿地画的是降龙，就是龙头向下，盒子中间为坐龙，并衬以云气、火焰等图案，具有强烈的神威气氛。

在大殿厅堂纵横交错的梁枋上绘的是龙凤和玺彩绘。枋心是双龙或是双凤，找头、盒子等部位青地画龙，绿地画凤。"龙凤和玺"含有"龙凤呈祥"和"双凤昭富"之意。屋顶上的天花藻井画的是团龙图案。整个大殿在龙凤和玺彩绘的衬托下，富丽堂皇，金碧生辉。

承天门的五个城门洞中，各有两扇朱漆大门，门上布有"纵横各九"的鎏金铜钉。在城门上施用门钉之举，最早出现于隋唐时期。

最初是出于构造的需要，在木板和穿带部位，钉上铁钉以防止门板松散。但由于铁钉钉帽露在门表面有碍观瞻，为美观起见，人们将针帽打造成泡头形状，兼有了装饰功能。

对于使用门钉的数量，明代以后，有了等级上的讲究："宫殿门庑皆崇基，上覆黄琉璃，门设金钉。""坛庙圜丘外内垣门四，皆朱扉金钉，纵横各九"。

门钉要纵、横各九路，因为九是阳数之极，"九重"为帝王之居，只有皇帝的皇宫及城门正门才能享有"纵横各九"的规格，以下按品级门钉数量呈单数递减。

一般亲王府邸的大门上门钉纵九横七；世子府邸门钉纵七横五；公爵门钉纵横各七，侯爵以下至男爵纵横各五，不过，他们各自的大门上只能为铁制门钉，不能采用铜制门钉。天安门乃皇城正门，当然门钉也属最高级别。

在承天门正脊上的龙吻，其颈背上插有一把宝剑。据说，这是因为怕龙吻擅离职守逃回大海，所以把它死死地锁在屋脊上，使其不能腾飞。

明代以前，虽有龙吻但多不插剑靶。明清两代龙吻上的剑靶在外形上也有区别，明代剑靶外形为宝剑剑柄，剑柄的上部微微向龙头方向弯曲，顶部做出五朵祥云装饰；清代剑靶外形也是剑柄，但上部是直的，没有向龙头方向弯曲，顶端雕饰的图案是鱼鳞装饰。天安门龙吻上的剑靶属清代形制。

知识点滴

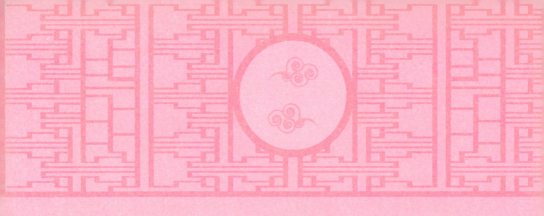

清朝扩建并更名为天安门

明末时，宏伟壮观的承天门毁于兵火，上半部荡然无存，只剩下光秃秃的五个门洞。1644年，清朝决定定都北京后，立即着手对北京宫室进行了修复。当时，虽然也有一些增建的宫殿，但数量不多。

清朝的皇城、宫城大多承袭明代旧制，经过几次大规模的修缮

后，古都北京的城郭和城门基本上恢复了原貌。

当时，由于进京不久，清朝统治者特别注重"安"与"和"的策略，以求得清朝统治的"长治久安"。于是，清朝除采用其他措施外，还在城门的名称上大做文章。

清朝首先将紫禁城内的"皇极殿"、"中极殿"、"建极殿"分别改名为"太和殿"、"中和殿"、"保和殿"，以取内宫平稳之意。还有皇城的"地安门"、"东安门"、"西安门"三个门，都突出了一个"安"字，以示外安内和。

1651年，清世祖爱新觉罗·福临下令在承天门原废墟上进行了大规模改建，按明时承天门原貌重修城楼，将"承天门"之名更改成了"天安门"，但天安门上悬挂的木质匾额是"天安之门"，以取"受命于天，安邦治国"之意。

这样，"天安门"既涵盖了"承天启运"的命名意旨，又纳入了

"安邦治国"、"国泰民安"的思想。

1688年，康熙皇帝下令大规模修缮与扩建天安门，基本保持了顺治时改建的形制。在天安门城楼基座周围增建了汉白玉栏杆、栏板，雕刻了莲花宝瓶等图案。

在康熙年间，除重建天安门城楼外，还修缮和扩建了金水桥以及天安门宫廷广场等。

天安门前的七座桥在建制、装饰和使用对象上各有不同，一直有着森严的等级制度。位于七座桥最中间、最突出的一座桥的桥面最为宽阔宏大，长23.15米，宽8.55米，白石栏杆柱头上雕刻着蟠龙望柱，下衬云板，为皇帝一人专用，称为"御路桥"。

御路桥两旁，白石栏杆上雕有荷花柱头的桥叫"王公桥"，桥面宽5.78米，只许宗室亲王们通行；王公桥外侧的两座桥较窄，宽4.55米，叫"品级桥"，只许三品以上的文武大臣通过。

在金水桥中，最靠边的两座桥比品级桥还窄，只是普通浮雕石桥，叫"公生桥"。

一座在太庙，即后来的劳动人民文化宫门前；一座在社稷坛，即后来的中山公园门前，供四品以下官员、兵弁和夫役过往使用的。

在清朝时期，北京皇城和宫城最大的变化是1754年扩建了天安门前宫廷广场。据《国朝宫史·宫殿一》记载：

天安门外，东为长安左门，西为长安右门，重建于1754年，至1760年竣工，又增筑长安左门外围墙一百五十五丈，长安右门外围墙一百六十七丈五尺一寸。各设三座门。

这说明，当时的天安门广场，在长安街左、右门外又分别加筑了一道围墙，从而将门外的街道也括入了天安门前广场之内。

北京皇宫在顺治、康熙两朝虽尚属恢复阶段，但其宏伟壮丽与精美绝伦在世界上已堪称一流。在当时，广场东侧大部分沿用明朝旧制，仍为各部所在，当时叫户部街。

为了封建统治的需要，清朝在户部街外侧增设了掌制诰、史册、文翰之事的翰林院，负责对外通商和交涉事物的总理各国事务衙门及太医院等。

在天安门广场的西侧，清朝采用八旗兵制，不再建立五军都督府，并把原来的街道改称前府胡同、右府胡同、左府胡同、中府胡同和后府胡同等。还在明锦衣卫旧址建立了刑部，称这条街为刑部街，后来，在刑部街上又增设了都察院和大理寺等审案判刑的机关，又称司法部街。

另外，在长安左门、长安右门有分别通往五府六部的总门两座，叫作"公生门"，文武官员由此进出宫廷俱奏。

乾隆年间，清朝在公生门两边加筑围墙，东西折向北转接皇城墙，又在新加围墙东西端各辟一门，门三阙，分别称东三座门、西三座门。后来，公生门和东、西三座门及内里的五府六部陆续拆除。

在清朝末年，天安门遭到严重破坏。后来，荒凉破败的天安门城楼历经它历史上最大两次大规模的修缮，由原来的通高33.87米变成了34.7米。整个天安门古建筑群，从天安门到外金水桥至天安门广场，全部建筑焕然一新，呈现出一派勃勃生机。

在天安门城楼大殿内，在10根红色廊柱中间，悬挂上了八个红色的大宫灯。每个宫灯高2.23米，周长8.05米，直径2.25米，重达80千克，简直硕大无比，每一盏至少三个大人才能环抱过来，在当年堪称有史以来最大的宫灯。

天安门城楼的中厅悬挂了一幅高2.6米、宽5.8米的《江山永泰》图。以奇特的构思、浓烈的笔墨和粗犷的线条，勾勒出一幅巍峨雄浑的泰山图。画家借泰山讴歌和谐盛世。

在天安门城楼东西两侧，各有七个红色的观礼台，观礼台前东西各筑有花坛。在天安门城楼的前方近处是两座大观礼台，每座长95米，宽12米，各有6个小区。观礼台呈北高南低倾斜式，内有梯形台阶，总容量为20000多人。

据史料记载，在清初期，清朝摘下了"承天之门"匾额，挂上了刻有满、汉、蒙三种文字的"天安之门"匾额。

此后，"天安之门"匾额上的三种文字又被改成了满、汉两种文字，而且，"之"字被去掉了，"天安门"三字为汉字楷书，其字体也相应扩大，几乎增大了一倍。

后来，匾额上的字体又几经变化，再后来，其木匾都再未更换过，只是匾额上的满文被除掉，只剩下了汉字书写的"天安门"三字。

知识点滴

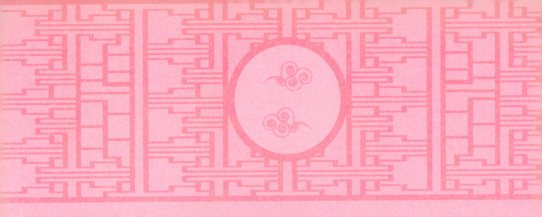

历史上天安门的显赫地位

　　天安门一直是明清两代王朝身份和皇权的象征，当时的天安门对于庶民百姓来说，简直就是拒人千里之外的禁区，哪怕是探头一看，也是"私窥宫门"的重罪。

　　明清两代时，天安门是皇帝颁布最为重要的诏令，也称"金凤颁诏"的地方。如皇帝登基、册封皇后等重大国家庆典活动，皇帝都要在天安门举行"金凤颁诏"仪式。据清代史书《日下旧闻考》记载：

　　凡国家大庆，覃恩，宣诏书于门楼上，由垛口正中，承以朵云，设金凤衔而下焉。

就是说，皇帝发布的重大命令，就是书面的诏书，要在天安门上进行一套隆重繁琐的仪式，才能向全国各地颁发。这表明天安门在封建统治者心目中具有显赫的政治地位。

在进行颁诏仪式时，工部要预先在天安门正中垛口备有黄案的宣诏台，并准备好"金凤朵云"，就是漆成金黄色的木雕凤凰和雕成云朵状的木盘。

奉诏官和宣诏员，就是捧接诏书和宣读诏书的官员等人衣冠楚楚，早已恭候在那里。

诏书宣读之前，放在太和殿黄案上，皇帝盖上御玺后，经过一套繁琐的礼仪，由礼部尚书用云盘承接诏书，捧出太和殿，暂放到午门外的龙亭里，然后在鼓乐仪仗的引导下抬到天安门城楼上，再将诏书放在宣诏台的黄案上。

宣诏官登台面西而立，宣读诏书。这时，只见天安门下金水桥南，文武百官和吉老按官位序列依次面北而行三跪九拜大礼。

宣诏官读完诏书，由奉诏官把诏书卷起，衔放在木雕的金凤嘴里，再用彩绳悬吊"金凤"从天安门垛口正中徐徐放下。城楼下早有

礼部官员双手捧着"朵云"等在那里，这样，"金凤"嘴中的诏书也就落在"云盘"中了，此举称为"云盘接诏"。

礼部官员接诏后，诏书仍要放回天安门前的龙亭内，然后由黄盖，就是黄色伞盖、仪仗和鼓乐为前导，浩浩荡荡抬出大清门，送往礼部衙门。

这时，礼部尚书早已从长安左门快步回到礼部衙署门前跪迎诏书，之后还将诏书恭放在大堂内，行三跪九叩礼。随后，用黄纸誊写若干份，分送各地，颁告天下。

天安门还是"金殿传胪"的地方。明清时代，盛行科举制度。科举有"乡试、会试、殿试"三种。殿试又称御试、廷试，是由皇帝亲自主持在太和殿前进行的属国家最高一级的国家考试，是封建统治者选拔人才和笼络知识分子，维护其统治的一种手段。

明初"殿试"，曾在承天门南金水桥畔设案考试，后移至太和殿。清朝在保和殿。这种考试每三年进行一次，时间一般在春季农历三月。

明清时期的科举考试十分严格，进京应考的举人首先要集中在大清门内东侧千步廊朝房，经礼部会试，考中后为贡士，又称为"中式进士"。只有取得贡士资格才能进宫参加殿试。

殿试由皇帝亲自出题，考卷的成绩，由阅卷大臣打分，获得前10名的考卷，皇帝还要亲自过目，考中的被赐予进士。列第一甲第一名者称为"状元"，列第一甲第二名叫"榜眼"，列第一甲第三名的是"探花"。

殿试两天后，皇帝召见了新考中的进士。考取的进士身着公服，头戴三枝九叶冠，恭立天安门前听候传呼，然后与王公百官一起进太和殿分列左右，肃立恭听宣读考取进士的姓名、名次。这就是"金殿传胪"。"胪"有陈列的意思，"传胪"就是依次唱名传呼，进殿晋见皇帝。

考中的进士被皇帝召见后，礼部官员捧着"钦定"的写有进士姓名、名次的"黄榜"，先放到午门前的龙亭里，再由鼓乐仪仗前导，

抬出天安门，出长安左门，张挂在临时搭起的龙棚里，就是后来的南池子南口迪西红墙处，由名列榜前的新科状元率诸进士看榜。

三天后，"黄榜"收回内阁封存。而后，顺天府尹，就是北京的地方官给新中状元、榜眼和探花者插金花，披上大红彩绸，用仪仗接到城北顺天府衙门里饮宴，以谢皇恩。完毕，状元授翰林院修撰，榜眼、探花授翰林院编修。

醉心于仕途的士子们，一旦"黄榜"题名，便身价百倍，因此当时人们把中进士比作"鲤鱼跳龙门"，把天安门前的长安左门称作"龙门"。

明清时期，除了在天安门举行"金凤颁诏"、"金殿传胪"等活动外，还有皇帝每年要到天坛、地坛祭天祭地，皇帝御驾亲征和大将出征在天安门前祭路祭旗；出征凯旋"献俘"、"受俘"；遇有皇帝登基、大婚等重大庆典，也都要启用天安门，以显帝国威风。

天安门地位至尊，即使皇帝出入也是有限的，嫔妃夫役更是绝对禁止出入天安门的。但也有例外，就是皇帝大婚时，新婚皇后可以由天安门抬进后宫。

　　皇帝大婚可不是小事，也有一套繁琐的程序。要先派使者到女家行聘礼，再迎新皇后，由大清门入天安门进后宫。这是封建等级制度的体现。这种帝王独尊的现象，甚至连皇帝的父母能否从天安门通过都会引起争议。

　　明嘉靖年间，明世宗朱厚熜母亲要去太庙祭祖先，在从何门进入的问题上，礼部的官员们就此引起了一场争论。最初决定由东安门进入，但当时的礼部尚书张璁直言劝说众臣：

　　　　"即使是贵为天子，也是有母亲的，怎么能让皇帝的母亲从旁门过去呢？"

　　最后，礼部官员们议定，改由大清门入天安门去太庙。天安门是进喜不进丧的地方，就连皇帝以及皇帝父母的灵柩都不能从天安门出入。

　　明代时，"廷仗"和"献俘"的地方，均在天安门的后边，午门的前面。但清朝一般不再用"廷杖"的刑罚。

　　"廷杖"是对朝中的官吏实行的一种惩罚。那时，皇帝倡导文武百官以至平民百姓上书"进谏"。但是，如果冒犯了皇帝的尊严，龙

颜大怒，就要在午门前罚跪、打棍子，这叫作"廷杖"。

"献俘"始于清朝。凯旋的军队将士为显示战果，要在午门前举行"献俘礼"。仪式前一天，兵部官员牵引着战俘，自长安右门入内，押至太庙、社稷坛祭祀。此举被称为"献俘"。

据《午门献俘图》记载：次日，皇帝登午门楼受俘。门楼正中设御座，檐下张黄盖。各种仪仗、法驾、卤簿陈设在阙门左右，御辇、仗马、护朝宝象、大乐排列停当。

当日清晨，众王公大臣，身穿朝服云集午门前，俘虏们此刻也被押至此地。身穿衮龙服的皇帝在鼓乐声起、三呼"万岁"声中，至午门城楼御位上降旨，对俘虏进行发落，若恩赦不诛，则宣旨释俘，众战俘叩头谢恩。此景称为"受俘"。

乾隆皇帝还曾于1755年御制《午门受俘》诗一首，十分形象地描述了当时受俘礼乾隆皇帝的惬意心情和期望皇朝永固的思想。

知识点滴

据说，1844年，道光皇帝亲御太和殿召见新科状元等人，不料这天传胪唱名时，获得这一年第一甲第一名的武进士徐开业与第一甲第三名的武进士梅万清没按时到班，他们说因天安门阙门未开误了点卯。

但事有凑巧，与他们同住一区的第一甲第二名泰钟英等人却均由天安门阙门入宫。所以，徐、梅二人理由欠妥。按大清律典，延误到班要被斥革。

后来，因皇上发恻隐之心，念二人系草茅新进之人，保全了二人的武进士头衔，允许再参加下一届的会试。这一年的新科状元就由秦钟英替补。

正阳门楼

　　"正阳门"俗名"前门"，原名"丽正门"，坐落在北京天安门广场的南端，处于老北京城的南北中轴线上。

　　正阳门始建于元代，因形式比较独特，一直被看成是老北京的象征。

　　在京师诸门中，正阳门规制最为隆崇，它集城楼、箭楼、瓮城和闸楼为一体，是一座完整的古代防御性建筑体系。其城楼和箭楼规模宏丽，形制高大，瓮城气势雄浑，为古代北京城垣建筑的代表之作。

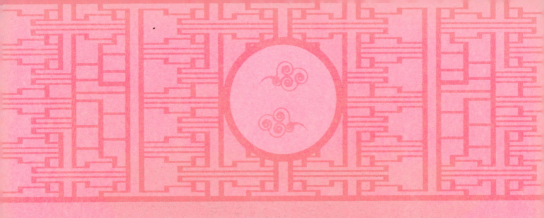

元朝时期始建丽正门

　　13世纪中期，蒙古族建立的元朝统一了全国。1267年，元世祖孛儿只斤·忽必烈为了"南临中土，控御四方"，迁都燕京，即后来的北京，并大兴土木建设元大都。

　　历时九年，元大都的城垣及宫室建设终于完成，全城共建了11座城门。据元代史事札记《辍耕录》记载：

城之正南曰丽正，左曰文明，右曰顺承，正东曰崇仁，
东之南曰齐化，东之北曰光熙，正西曰和义，西之南曰平
则，西之北曰肃清，北之西曰健德，北之东曰安贞。

元朝大都城的南垣，位于后来的东西长安街一线上。作为元大都
的南城垣正门，当时的丽正门就坐落在后来天安门略前的位置。

在当时，从城南丽正门起，穿过皇城的灵星门、宫城的崇天门和
厚载门，经万宁桥到中心阁这条南北走向的直线，就是元代大都城的
中轴线。而宫城的主体建筑，都是按照这条中轴线对称展开的。

实际上，作为后来正阳门的前身丽正门，在始建之际，便确定了
"宅中定位"、"仰拱宸居"、"昭示万邦"的地位。

而"丽正"之名，则取自《周易·离卦》中"离，丽也。日月丽
乎天，百谷草木丽乎土，重明以丽乎正，乃化天下"之意。

丽正门当千步街，九重深处五云开。

鸡人三唱万官集，应制须迎学士来。

这是元代文人欧阳原功写的与元代的丽正门方位有关的诗。而当时的另一位史地学者熊梦祥，在其史地专著《析津志》一书中，不仅明确地记述了丽正门的方位，而且还叙述了相关的礼仪制度，即丽正门辟三门，中门唯车驾巡幸郊祀方得开启之制：

崇天门。正南出周桥，灵星三门外分三道。中千步廊街，出丽正门，门有三，正中惟车驾行幸郊坛则开；西一门，亦不开，止东一门，以通车马往来。

元大都的城门是1267年至1276年期间一体修建的。丽正门的建筑技术受到唐宋两代，特别是宋代的影响较大。

丽正门的地基非常坚固，城门的支撑和过梁都为木结构，门洞口为梯形，门楼檐脊均饰盖以精美的琉璃瓦。

丽正门宅中定位、经纬四通和直达南城的环境优势，在元代初期，便形成了大都城一处繁华的商贸区。《析津志》一书曾记元世祖封赐丽正门第三桥南一树为"独树将军"，并叙述了该处商贾及其游人的盛况：

> 世皇建都之时，问于刘太保秉中定大内方向。秉中以今丽正门外第三桥南一树为向以对，上制可。遂封为独树将军，赐以金牌。
>
> 每元会圣节及元宵三夕，于树身悬挂诸色花灯于上，高低照耀，远望若火龙下降。树旁诸市人数，发卖诸般米甜食、饼糕、枣面糕之属，酒肉茶汤无不精备，游人至此忘返。

元代的大都当初没有建瓮城和箭楼，所以丽正门当时只是城楼一座，这种情形一直持续到1359年。当时，元代政权风雨飘摇。为守住

大都，当年10月，元顺帝孛儿只斤·妥懽帖睦尔"诏京师十一门皆筑瓮城，造吊桥"。

于是，元帝国在各路农民军大兵压境的情况下，在不适于建筑施工的冬月低温的环境中，仓促完成了包括丽正门在内的11座城门的楼铺之制。

1368年，明代攻陷元大都后，明太祖朱元璋诏改元大都为北平府。为抵御北逃的元蒙贵族卷土重来，由明代开国大将华云龙新筑城垣，防卫元大都。

这次修筑北平城，主要为加强军事防御，除将旧城北垣南缩五里以及废东垣、西垣北侧之门外，一切均沿袭元朝大都的旧制，没有什么变化。

在明代开国大将华云龙缩筑旧城之后，北平城曾在土城垣的基础上，加瓮过砖石，并对月城，就是瓮城、外门、箭楼等建筑有过修缮和添建。各城楼均在瓮城外门上筑箭楼，周围都使用了砖石包甓。但其中的丽正门瓮城比诸门多建了一门。

1402年，丽正门在元大都旧址移建新址，就是后来的正阳门所在地后仍称名"丽正门"，此名先后历经了明代永乐、洪熙和宣德三朝计16年。

1403年正月，明成祖朱棣诏改北平为北京，暂称"行在"，并从1406年开始营建北京的宫殿和城垣。当时的北京南城垣，仍然沿袭元大都旧制，位于后来的长安街稍南一线上。

为把五府六部都摆在皇城前面，明成祖朱棣在营修皇城时便将南城垣南移了近千米，即在后来的正阳、宣武和崇文三门的平行线上。这次移建和增筑，于1421年正月告成。其中，原来大都城与北平府的丽正、顺承和文明三门随南垣南移，并仍沿称旧名。

明朝在定都北京后，对北京城垣的修缮和移建工程，前后又进行

了十余年，东南西三面总计新筑城墙约9千米，又在全城外侧加瓮砖石，并改西垣的"和义门"为"西直门"，东垣之"崇仁门"为"东直门"。

当时，在京城周围约20千米的距离，共建有九门：南边的城门名叫"丽正"、"文明"和"顺承"，东边的城门名叫"齐化"和"东直"，西边的城门名叫"平则"和"西直"，北边的城门名叫"安定"和"德胜"。

在永乐年间修建的北京诸门，除移位新建的丽正、顺承、文明三门外，其余六门都沿袭了元大都城旧制，设有城楼、箭楼与瓮城。

1436年，继位不到一年的明英宗朱祁镇利用前朝父、祖历代所积资财，又对北京城垣进行了大规模的修建，他"命太监阮安、都督同知沈青、少保工部尚书吴中，率数万人修筑京师九门城楼。"工程进行了三年多，直至1439年方告完成。

在这次北京城垣和城门的大规模修建中，明朝不仅完善了各门

的"楼铺之制",而且还将"丽正门"、"文明门"、"顺承门"、"齐化门"和"平则门"五座城门分别更名为"正阳门"、"崇文门"、"宣武门"、"朝阳门"和"阜成门",其余四门则仍然使用原来的名字。

知识点滴

　　传说,在修建正阳门的箭楼时,明成祖朱棣曾经前去视察,发现正阳门箭楼的楼顶并没有他所期望的那样高大壮观后龙颜大怒,他限工匠们在一个月内将楼顶改建得高大气派,否则予以治罪。期限就要临近了,殚思竭虑却无计可施的工匠们惶恐无比。

　　有一天,有一个衣衫褴褛的老木匠前去乞求工匠们为他的咸菜加点盐。此后数日,老木匠不断地去乞求工匠们给他的咸菜添"盐"。

　　工匠们因此受到启发,为正阳门箭楼的楼顶添加了一周飞檐,使得箭楼的楼顶变得高大华贵,整个正阳门箭楼也显得巍峨壮丽。一月后,明成祖再去时,惊为神来之笔,不禁"龙颜大悦"。

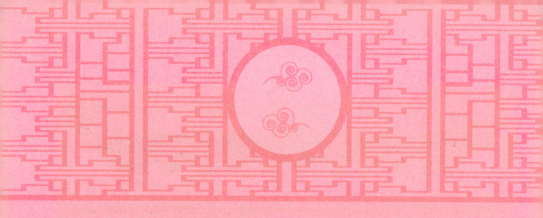

历经劫难的正阳门城楼

　　至清朝入关定都北京，虽然加以"修整壮丽"，但"九门之名，则仍旧焉"。清朝以八旗分居内城，正阳门内东西两侧，分别为正蓝、镶蓝两旗所占。

　　由门内至大清门，就是后来的中华门之间，是著名的棋盘街，在

乾隆皇帝时，正阳门一带已是"周绕以石阑，四围列肆长廊，百货云集一回的商业汇聚之所。"

1780年，正阳门外的一间铺面房不慎失火，恰遇大风，火势迅速蔓延，殃及正阳门箭楼，还同时烧毁了瓮城东西月墙的闸楼、官房等设施。

同年重建时，乾隆皇帝命令新换砖石，但负责修建的大臣们却仍然利用了旧券洞进行修筑，结果，不仅箭楼南面新做的箭窗墙面出现了鼓包现象，修成后的门洞也出现了内裂。直至乾隆皇帝再次诏令，才总算工程完善了。

1849年，正阳门箭楼又一次被火烧。当时，正值第一次鸦片战争后的第十年，朝廷国库空虚，财力紧张。工部营缮司连修缮所需11米多长的大柁，都无力筹办。

后来只好"拆东墙补西墙"，把北京西郊畅春园中九经三事殿中的大梁拆下，挪用至正阳门上，正阳门箭楼才终于修复。

1900年，发生了火灾，这场火灾不仅烧了大栅栏一条街，延烧至千家以上，还殃及了附近的正阳门箭楼，由此而酿出一场清朝"二百年来未有之奇灾"。箭楼作为外楼及正阳门楼的重要部分，当时人在笔记中往往直接以"城楼被火"称之。

正阳门外楼被焚，在当时人看来，无疑是一场"非常奇灾"，因而凡是记载这一火灾的史料，几乎无不言及这一细节。诗人也多有记载。清代诗人郭泽吟诗道：

药店朝来起火鸦，飞烟横卷箭楼斜。

银房宝市繁华最，焦土凄凉剩几家。

关于此次正阳门箭楼被火灾焚毁的情形，清末学者袁昶曾记载说："延灾及正阳门，城楼塌毁"；清代书法家杨典诰则云"悬门隳下，毁及双扉"，可见大门也被火烧了。此外，据清末学者梁济日记，"正阳门城楼已烬"乃是在"晡时"，就是说正阳门城楼被烧毁大概在下午3时至5时之间。

正阳门当时作为京师内城的正南门，其象征着帝国体统、皇室威严的巍峨城楼无疑也是民众观瞻之所系。而一日之间，其箭楼竟半毁于炽焰浓烟之中，几乎只剩下颓垣焦壁。

同年8月14日，正阳门箭楼首先遭到重创。此后，又因失火，烧毁了正阳门城楼。这次正阳门被毁程度极为严重，城楼、箭楼、闸楼、

铺舍等均遭到破坏，焚后仅余城楼底座及门洞，周围是一片颓砖断瓦，状极凄凉，令人痛心不已。

1902年，清政府派直隶总督袁世凯和顺天府尹陈璧负责筹划修复。在修复施工中，因所藏的工程档案经兵火焚掠无存，只好参照与正阳门平行的崇文、宣武两门的形制，将高度与宽度适当加大了一些，重建了正阳门的城楼与箭楼。

正阳门这次重建，历时最久，直至1906年才竣工。这次重建后的正阳门箭楼，添建了水泥平座护栏和箭窗的弧形遮檐，月墙断面增添西洋图案花饰。

此后，正阳门又历经了数次改建，首先拆除了正阳门的瓮城月墙及东西两座闸楼，后又将正阳门内的关帝庙与观音庙也一同拆除。

后来，正阳门城楼和正阳门箭楼又进行了一次较大规模的改建：在城楼东、西两侧城墙各开辟两个洞子门。箭楼南侧增建了悬空眺台、汉白玉抱柱和栏杆，并在一二层箭窗上方，加饰了水泥制成的白色弧形华盖。原箭楼没有匾，改建时，在箭楼门洞上增添了汉文书写的"正阳门"横匾。

箭楼下的城墙部分，东西两侧都加宽，并加建栏杆，增建了东、西"之"字形的登城马道。箭楼北面也拓宽了，形成了用混凝土仿汉白玉栏杆围起的宽阔平台。另外，这次改建，还在抱厦两侧各增加了四个箭窗，这样，就使箭窗的数量从原来的86个变成了94个。

正阳门历经了500多年的世事沧桑，最终成为古都北京唯一一座城楼、箭楼均保存完好的城门，代表了老北京的形象。

知识点滴

北京正阳门匾额上的"门"字是没有钩的，据说是皇家为了避讳。

相传，明朝开国之初定都南京后，明太祖朱元璋命一位叫詹希源的书法家题写门匾。悬挂门匾那天，朱元璋也特意去参加揭匾，仪式非常隆重。可朱元璋揭匾后，一看到那个带了火钩的"门"字，就顿时龙颜大怒了。

朱元璋当即命人把那块匾拆下来砸碎，并传旨要刑部大堂把詹希源以居心不良之罪斩首示众。

从此以后，书法家们称"门"字最后一笔为火钩，谁也不敢再写带火钩的"门"字了。因为皇家认为，"门"字带火钩会钩来火灾，会妨碍帝君出行、招贤纳才，所以是一种忌讳，谁也不许冒犯。

天下

　　城墙是农耕民族为应对战争，使用土木、砖石等材料，在都邑四周建起的用作防御的障碍性建筑，由墙体和附属设施构成封闭型区域。封闭区域内为城内，封闭区域外为城外。

　　城门，是古代城池四面八方之门，又称作水口。绝大多数城墙外围还有护城河。正对城门处设有可以随时起落的吊桥。吊桥一升起，进出城的通路便被截断。

　　人们进城出城，必须从城门经过。城门口还设有警卫，遇有紧急状态，则城门封闭，禁止通行。在冷兵器时代，攻城必需攻打城门，城门是重要的防御和守卫建筑。

拱卫京师的皇城内九城门

　　北京旧城共有"内九外七"16座城门，它们各自有不同的名字、用途和特征。

　　内九城门是指内城上的九座城门，按照顺时针方向，分别是东城墙上的东直门、朝阳门。南城墙上的崇文门、正阳门和宣武门。西城

墙上有阜成门和西直门，北城墙上的德胜门和安定门。

　　东直门是位于北京城内城东垣北侧的一座城门，元大都建成后，忽必烈下令施工建造了东直门。主要包括东直门城楼、东直门箭楼、东直门闸楼和瓮城。

　　东直门的城门城台底基宽39.9米，底基厚28.8米，城台顶宽35.2米，顶进深22.9米，城台高11.5米。内侧券门高7.7米，宽6.3米，外侧券门高5.2米，宽5.3米，城台内侧左、右马道宽4.8米。

　　城楼连廊，面阔31.5米，连廊通进深15.3米，连城台通高34米。

　　瓮城为正方形，四隅均为直角，东西长62米，南北宽68米，瓮城南侧辟券门，券门上建闸楼，闸楼形制同朝阳门。瓮城西北角建关帝庙，瓮城门上有一单檐硬山式谯楼，其外侧墙体辟有两层箭孔。

　　城楼朱楹丹壁，面阔五间，进深一间，楼高34米。瓮城与城门相对之垣墙正中筑箭楼，其外侧面阔七间约32米，内侧庑殿面阔五间约27米，通高30余米。

　　楼前、左、右三面墙体各辟箭孔四层，共有箭孔80个。门额上镶

嵌的"东直门"三字清晰可见。门洞券顶"五伏五券"的做法亦清晰可辨。凸凹不平的石路面，显示着岁月的沧桑。

在1368年，明军徐达奉朱元璋的命令，占领元大都以后，对北京城进行改造，到1421年，明成祖朱棣又对北京城进行了改造，东直门变成了东北角的一个重要的位置，这样交通位置更加重要。

当时建设北京所需的木材大多都是经由东直门运送进北京城的，清朝时南方运来的木材常常储存在东直门外，因此北京城所需的木材大多从东直门运进北京城，所以东直门又俗称"木门"。

清时于东直门外建水关，管理进京货物。清朝时在东直门设立"春场"，每至立春时顺天府尹于此鞭"春牛""打春"。许多官仓也集中设在这里，缓缓流淌的坝河最后进入积水潭，另外一条亚麻河通过东直门水关进入元大都，把粮食和货物都卸在崇文门地区。

东直门是当时北京九座城门中最贫的一个门，以郊外盆窑小贩、日用杂品铺占据瓮城为主，但瓮城庙中的药王雕像极为精细，市人称"东直雕像"。而且，古代的砖窑大多云集在东直门外，因此东直门不仅走拉木材车，还走拉砖瓦车。

朝阳门，元称齐化门，门内九仓之粮皆从此门运至，故瓮城门洞内刻有谷穗一束，逢京都填仓的节日，往来粮车络绎不绝。"朝阳谷穗"为南粮北运的第一位喜迎神。

在元代建成之初的齐化门与它的后世相比，不免显得简陋，仅有城楼，筑楼材质也仅为夯土而已。马可·波罗在他的游记中进一步描述了与城门相连的城墙的形状：

城根厚十步，然愈高愈削，城头仅厚三步。

可见当时城墙的形状是比较明显的梯形。

朝阳门形制与崇文门略同，面阔五间，通宽31米，进深三间，通进深19米。楼连台通高32米；箭楼形制略与宣武门同，面阔七间，通宽32.5米，进深三间，通进深25米。

朝阳门在清代曾多次被修缮，但城门形制仍未有太大特殊之处，唯一的特点就是宽度较其他城楼要大，各尺寸数据也较平则门略大。

由元至清的这段时间内，朝阳门一带是经济繁盛之地。北京城中，除"前三门"外，就以朝阳门关厢最为热闹。

朝阳门关厢的热闹主要得益于京杭大运河，早在隋代就已开通的这条运河，在元代依然发挥着巨大作用，成为连接北京与南方各省的一条重要交通命脉。

而朝阳门，正是大运河北端重要码头，也就是离通州码头最近的一个城门。通州码头在朝阳门正东20千米，那时离京南去的官员客商，或是有南入进京朝觐、经商的官员与客商，都要在朝阳门停。

因此，朝阳门下往来客商川流不息，一片车水马龙之景，各行各业的商人看到这巨大的商机，争相在朝阳门关厢开设店铺。

更为重要的，这里是漕运粮食的必经之门，经大运河运达北京的南方粮米，在东便门或通州装车，通过朝阳门进城，储存在城内的各大粮仓中。

崇文门，元称文明门，俗称"哈德门"，"海岱门"。崇文门以瓮城左首镇海寺内镇海铁龟著名。"崇文铁龟"名遍响京都。

此外崇文门税关之苛也使外埠客商望门生畏。走酒车，城外是酒道，当年的美酒佳酿大多是从河北涿州等地运来，进北京自然要走南路。运酒的车先进了外城的左安门，再到崇文门上税。

元大都城是用土夯成的，下宽上窄，巍然屹立。开始建筑于1267年，完成于1276年，整整十个年头。因为是用土夯成的，于是产生了如何防止雨水冲刷城土的问题，后来用千户王庆瑞建议，"以苇排编，自下彻上"。

就是用苇帘子自下往上覆盖，像人穿蓑衣一样，简称苇城或蓑城，并在文明门外设立了阴场。

在当时，文明门又叫哈达门。《日下旧闻考》引《晰津志》说："哈达大王府在门内，因名之。"哈达大王为何许人，已不可考。

"哈达"又讹传谐音为"哈大"、"哈德"，一些文人墨客在写作时，认为"哈达"、"哈大"不够文雅，一方面利用它的谐音，一方面利用文明门在南城东端的地理位置，写成"海岱门"。

明代人蒋一葵写的《长安客话》说：

> 泰山、渤海俱都城东尽境，元时以"海岱"名门取此。

到了清乾隆时，杨从清著的《北京形势大略》又说崇文门：

> 曰海岱，言山陬海皆梯航纳贡，税课司在焉。

这只是从明人史玄《旧京遗事》上"京师九门，皆有课税，而统于崇文一司"一语而来。

由于崇文门有个总课税司，就把"海岱"解释为"山陬海耀"，不管对"海岱"两字的解释如何，明清的文人雅士，甚至最高统治者都往往不用"文明"、"崇文"而用"海岱"。

明燕王朱棣原来封在北京，登上皇位后，改年号为永乐，决定把首都由南京迁到北京。于是从1406年在元大都城的基础上，改建北京城，于1420年建成。

改建后的北京城，首先把元大都的南城城址，向南移了800米。同时把北城拆去，东西城也拆了一部分，另建了北城。

其次，把土城改为砖城。元大都的土城虽然披上"蓑衣"，但苇帘子终不能抵挡雨水，所以在元朝一代，部分"城崩"的事经常发生，只在忽必烈时代的短短30年内，就"城崩"八次。

每次修理，兴师动众，劳民伤财，所费不赀。明代改建的砖城也略呈梯形，下宽上窄，每行砖与每行砖之间，往上稍有凹进，以利雨水下流。

最后，把元大都的11门改为九门，南城三个门照旧，只把城门的

名称改了，并将文明门改为崇文门，并一直沿用了下来。

到了1552年，嘉靖皇帝为防止北方少数民族入侵，计划在整个北京城外，再建筑一道外城，结果困于财力、物力，只在南城外筑成一条东西狭长的城墙，即东起广渠门、西到广宁门的外城，又叫罗城。

这样一来，昔日北京城最南面的崇文门，就成为内城。街道店铺，住户人家，出入此门的官吏商人，日益增多。

明末以来，崇文门外是比较热闹的，大小商贩，车水马龙。护城河河水清澄，河上架有桥梁，河中游有画舫，两岸种着树木花草。绿柳迎风，红花邀月，秀丽非常。

正阳门箭楼始建于1439年的明代，建筑形式为砖砌堡垒式，城台高12米，门洞为五伏五券拱券式，开在城台正中，是内城九门中唯一

箭楼开门洞的城门，专走龙车凤辇。

箭楼为重檐歇山顶、灰筒瓦绿琉璃剪边。上下共四层，东、南、西三面开箭窗94个，供对外射箭用。箭楼四阔七间，宽62米，北出抱厦五间，宽42米，楼高24米，门两重，前为吊落式闸门，后为对开铁叶大门。

明、清时正阳门城楼和箭楼之间，原有一个巨大的瓮城，南端呈弧形抹角，箭楼坐落在顶端，瓮城南北长108米，东西宽88米，内有空场，四面均有门。

1780年和1849年，箭楼曾两度失火被毁。后来，经过修缮，增加了平座护栏和箭窗的弧形遮檐，月墙断面增添西洋图案花饰。从此，正阳门箭楼一直是老北京的象征。

宣武门，元称顺承门。是在1419年在南拓北京南城墙时所修建的，沿称元"顺承门"之名。

后来，明朝政府又重建城楼，增建瓮城、箭楼和闸楼，历经四年之后，工程全部竣工。取张衡《东京赋》"武节是宣"，有"武烈宣扬"之义，改称"宣武门"。

宣武门城楼面阔五间，通宽32.6米，进深三间，通进深23米，楼连台通高33米，重楼重檐，歇山式灰筒瓦绿琉璃瓦剪边。

瓮城呈长方形，南北长83米，东西宽75米，西墙辟券门，其上为闸楼，将门楼与箭楼连接为一体。瓮城南墙城台之上为箭楼，箭楼面阔七间，通宽36米，通进深21米，连台通高30米。

门楼以西设有一水关，城内雨水与污水可沿明濠顺此排入南护城河。城外护城河上还有一石桥。清代的城楼规制基本沿袭明制，仅加以修葺。

宣武门内的天主堂，是北京的第一座教堂。1601年，意大利人利玛窦远涉重洋入北京传教，万历皇帝准其留京。数年间，利玛窦遍游京师，1605年择吉地，在宣武门内建"礼拜堂"。

当年的礼拜堂虽然宣扬基督教，但仍是我国传统建筑样式。后来，时任职钦天监的德国人汤若望将礼拜堂改建成具有西洋风情的建筑样式，俗称"南堂"，为清代北京耶稣会人士的活动中心。

阜成门在元代初建成时名为平则门，与朝阳门东西两方遥遥相对，京西门头沟斋堂的煤车，多出入此门，故瓮城门洞内由煤栈客商募捐刻梅花一束记之。

"梅"与"煤"谐音，每当北风呼号，漫天皆白，烘炉四周之人皆赞："阜成梅花报暖春"。

阜成门位于北京内城的西垣南侧，1439年重修时改名为"阜成门"，为通往京西之门户，明清及后来很长时间，城内所需要的煤炭

都是经由此门运入的。

　　明代在元大都城的基础上营建北京城，改11门为九门，其西城垣除北端缩短2.5千米并取消肃清门，南端展拓1千米外，其余基本未动，平则门亦沿袭旧称，之后又名为阜成门，并修筑了城楼、城门、箭楼、瓮城、瓮城门各一，其规制较元大都城门更高。

　　城楼为三重檐歇式重楼建筑，台座呈梯形，连同城楼通高35米。台座顶面铺设城砖，并与城垣顶面甬道相连，其余箭楼、瓮城及瓮城门城楼的规划均类似于西直门的建造。

　　城内道路亦改称阜成门街，街南侧有巡捕厅等机构，而城外的官道则为通往西山的重要道路。清代北京城垣规制多沿袭明代。

　　乾隆时期，曾对城门和箭楼等进行较大规模的维修。阜成门是明、清两代自门头沟运煤进城的重要通道，故有"煤门"之称。

　　西直门是在1267年元世祖忽必烈在金中都旧城东北营建新城时开

始建造的，在当时西直门被称为和义门，是东直门的姐妹门，刘秉忠为西直门总设计师，郭守敬负责水源方面的设计，按照《周礼·考工记》中关于帝王之都的理想布局设计建造，历经18年完成。

1358年冬天，元顺帝为防农民起义军攻城，下令赶筑包括和义门在内的11座城门的瓮城和城外护城河的吊桥。

1368年，徐达率大军攻占北京城，为了防止北元的反扑，曾命华云龙整修和义门及附近城墙，后来再次修缮后改名西直门。

1436年，明英宗命太监阮安等监修京师九门城楼，修建时利用和义门原有的门洞，将原瓮城压在新建的瓮城之下。到了清代，乾隆帝也对西直门的城楼和箭楼进行过修葺。

建成之后西直门包括门楼、门洞、箭楼、瓮城和瓮城门各一，均采用山东临清烧制的特大城砖，是除正阳门外规模最大的一个城门。

西直门城楼台基底宽40.9米，城台顶进深24米，城台高10.7米，内侧券门高8.4米，外侧券门高6.3米。城台内侧左、右马道宽5米，城楼面阔

五间，连廊面宽32米，进深三间，连廊通进深15.6米，城楼连城台通高32.7米。

瓮城连接城楼与箭楼，西北角设有瓮城庙。在瓮城南墙辟有一瓮城门。与城门方向成曲尺型，以利屏蔽城门。上方有一座单檐硬山谯楼有两层12个窗，又称瓮城门楼。城外护城河木桥改为石桥。

门楼通高34.4米，为三层飞檐歇山式建筑，柱、门、窗皆为朱红色，檐下的梁枋上饰以蓝、绿两色图案，顶部为绿色琉璃瓦，饰有望兽及脊兽。

在门楼台下部正中与城垣墙身垂直方向，辟有券顶式城门洞，因沿袭和义门之制，较内城其他门洞低。装有向内开启的城门一合，用锭铁固定。

城门正前方为一重檐歇山顶箭楼，西、南、北三侧共有箭窗82

孔。箭楼西侧面阔七间，内侧庑座面阔五间，通高30米，俯视呈"凸"型。

西直门城门为木质，有地堡式城楼三间，上设五孔水眼的水窝两个，可向城门灌水，以抵御火攻。

1894年，光绪皇帝下令修建了西直门至颐和园的石路，同时还修缮了西直门的城楼。后来，因为中日甲午战争的爆发，此次修缮被迫中断。

由于北京的水源地多位于北京玉泉山附近，因此，皇城中所需的御用水从玉泉山途经西直门运进北京，所以西直门又被称为"水门"。在西直门的瓮城门洞中有汉白玉水纹石刻一块，故有"西直水纹"一说。

1368年，大将军徐达攻入元大都，朱元璋诏令将元大都改为北平，随后将北垣西侧门"健德门"改为"德胜门"，并在北垣南五里新筑土城垣，作为防止元军反攻的第二道防线。

德胜门箭楼雄踞于12.6米高的城台之上，灰筒瓦绿剪边重檐歇山顶，

面阔七间，后出抱厦五间，楼连台通高31.9米。对外的三面墙体上下共设四排箭窗，总计82孔。

1371年，废元大都北垣，将新筑北垣加宽加高，开两门，西侧门仍称"德胜门"。后来，又修建包括德胜门在内的内城九门的城楼、箭楼、角楼、桥闸。此后，德胜门历经修缮。

关于"德胜门"名字的来历，还有一番说法。

北方按星宿属玄武。玄武主刀兵，所以出兵打仗，一般从北门出城。之所以取名叫德胜门，意为"以德取胜"、"道德胜利"。

遇到战事自德胜门出兵，由安定门班师，分别取"旗开得胜"和"太平安定"之意。

德胜门是京师通往塞北的重要门户，素有"军门"之称。明代永乐皇帝北征、清代康熙皇帝平定噶尔丹叛乱、乾隆皇帝镇压大、小和卓叛乱都是出师德胜门。明清两代，德胜门正面迎击来自北方的军事入侵，是北京城最重要的城防阵地。

相传，1778年的那一年，天大旱颗粒无收，年末清高宗去明陵，至德胜门，时逢大雪纷飞，除去一年之暑气，高宗龙颜大悦作御诗立"祈雪"碑碣一通，有黄顶碑楼，碑之高大，令其他诸门的石刻难以比拟，故人称"德胜祈雪"。

在德胜门的东边城墙上还放着一尊炮，不过，这炮不是打仗用的，是报时用的。每日午时，德胜门和宣武门同时一声火炮，城内的老百姓听炮对时。

德胜门瓮城内的珍品，要数立在中间的一座碑亭。亭中矗立着一座高大石碑，镌有1797年，乾隆帝62岁时的御制诗。这位当时的太上皇回忆往昔的峥嵘岁月，在"德胜"两字上很是抒发了一回豪情。

德胜门地区还有一处与北京息息相关的"生命线"。沿着护城河

向东200米，在城墙的下方有一水道连接着护城河与城内的水系，水道的城内出口处正好在积水潭小庙的下方。

多少年来，通过这一水道，城外西山和玉泉山的甘泉源源不断地流入城内，滋润养育着京都的众多百姓和权贵。

安定门在元代时称为安贞门，为出兵征战得胜而归的收兵之门，京都九门中有八门瓮城内建筑关帝庙，唯安定门内建真武庙，在诸门中独具一格，"安定真武"在诸门中颇有独特风格。清朝在北京实行的是旗、民分城的制度。

内城以皇城为中心，由八旗分立四角八方。两黄旗居北。镶黄旗驻安定门内，正黄旗驻德胜门内。两白旗居东。镶白旗驻朝阳门内，正白旗驻东直门内。两红旗居西。镶红旗驻阜成门内，正红旗驻西直门内。两蓝旗居南。镶蓝旗驻宣武门内，正蓝旗驻崇文门内。

知识点滴

既然安定门是为出兵征战得胜而归的收兵之门，那么安定门走什么车呢？

有人说，是兵车回城时走安定门，寓意出兵得胜，收兵自然也就是寓意安定了。

还有一种说法是，清朝的八旗精兵全部都扎营在安定门，所以回城兵走这里。实际上压根儿就不是那么回事儿，哪儿用得着收兵全走安定门啊！

实际上，安定门走的是粪车，因为以前地坛附近有北京主要的粪场。之所以说成兵车回城，其实是一种名称的雅化。

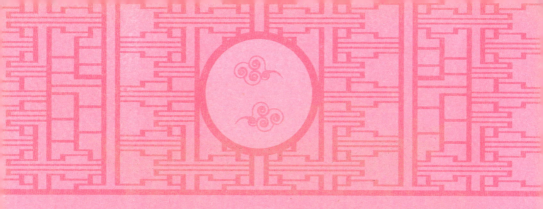

北京外七城门和皇城四门

　　北京的外七城门是指东城墙上的七座城门，分别是广渠门、广安门、左安门、右安门、东便门、西便门和永定门。

　　广渠门是北京外城城墙东侧的唯一一座城门，曾称大通桥门，又称沙窝门。广渠门是老北京城门中比较简朴的一个，建于1555年的明代嘉靖年间，主要包括广渠门城楼、箭楼和瓮城，与北京外城西侧广安门相对称。

关于广渠门名称的由来有两种说法：

一种是根据"广"的释义，推测"广渠"的意思应是宽广的大渠，可能寓意着"通畅顺达"。

二是"广"和"渠"都有"大"的意思，是同义词，因此"广渠门"可能是当时北京城规模宏大的一座城门，所以才取了"广渠门"的名字。

广渠门门楼低矮，仅一层，廊面阔五间，单檐歇山顶，四周有回廊。瓮城呈弧形。箭楼为单檐歇山顶，正面及两侧各辟箭窗二层，正面每层七孔，两侧每层各三孔，共26孔，箭楼下开拱形门洞。

广渠门的瓮城很有特点，一般城池的瓮城作为战备要地，里面没有建筑物和居民，而广渠门的瓮城里面有几家店铺。

在瓮城里面两侧各有四五家店铺，形成一条小型商业街，很像一座微型小城。

路南有一家中药铺、一家纸店，还有一家山货店。四周均是城墙，前边有箭楼城门，后边有城楼的城门，城门关闭后，异常幽静。

广安门为外城唯一向西开的门，与广渠门相对。城楼形制一如内城，重檐歇山三滴水楼阁式建筑，灰筒瓦绿琉璃瓦剪边顶，面阔三间通宽13.8米；进深一间，通进深6米；高17.6米；楼连城台通高26米。

瓮城呈方形，两外角为圆弧形，东西长34米，南北宽39米，瓮城墙基宽7米、顶宽6米。箭楼为单檐歇山式灰筒瓦顶，面阔三间宽13米，进深一间6.6米，高7.8米，连城台通高16.6米。

南、东、西三面各辟箭窗二层，南面每层七孔，东西每层三孔。北侧楼门为过木式方门系冰月楼下城台正中对着城楼门洞辟一券洞门。

广安门，明代称广宁门，清道光年间为避清宣宗旻宁之名讳改为彰义门。规制与广渠门相同，1766年以该门为南方各省进京的主要通

路，所以提高城门的规格，仿永定门城楼加以改建。

当年在外城，有着两条用石板铺砌的道路，一条是连通永定门与正阳门，为皇帝去天坛和先农坛祭祀而铺设的御道。

另外一条则是由城外通往广安门的道路。由于辽南京城、金中都城的城址都在广安门地区，所以自古广安门大街便是外省进出的门户。

由于广安门是各省陆路进京的必经之路，因此广安门内的彰仪门大街在清代时期是比较繁华的，有"一进彰仪门，银子碰倒人"的说法。

雍正年间，因为皇帝打算在河北修建皇陵，雍正帝下令从广安门到宛平城修筑石板路。广安门到小井村的路段长5千米，共花费白银八万两，平均每尺长的道路用去白银五两三钱三分，因此有"一尺道路五两三"的说法。这条道路的修通对广安门地区的发展起到很好的促进作用。

路修好了，交通的便利也为外城增添了生机和活力。那时广安门外最常看见的景象，就是"拉骆驼跑城儿"。

左安门是北京外城南侧三个城门之一，位于永定门东面。城楼为单层单檐歇山式，灰筒瓦顶。面阔3间，通宽16米，进深一间，通进深9米，高6.5米，楼连城台通高15米。瓮城呈半圆形，东西宽23米，南北长29米。

箭楼为单歇山小式，灰筒瓦顶，面阔三间宽13米，进深一间宽6米，高7.1米，楼连城台通高16.6米。其南侧面辟两层箭窗，每层七孔。东西侧面亦辟两层箭窗，每层三孔，侧面正中辟过木方门。

这座偏远的东垣城门建于1553年，也就是北京外城建成的时间。这里的路，南至西南城角，北接开阔田野，地里一部分种粮食和蔬菜，一部分长满芦苇。

据《北京街巷图志》中记载，同样是城市干道，在南城，右安门内的道路相对于左安门内的更加笔直、宽阔，其原因在于右安门内的道路在辽金时代是城市干道。

左安门一带则一直是个村野，其内的道路在明嘉靖年间修筑外城时才得以形成，只是因为当时没有经过很好的规划，故而道路的形状保存了乡野气息。

说起左安门，不能不提一下萧太后河。

澶渊之盟后，宋辽相和，辽便在北京东郊开萧太后河，所以早在左安门建立之前，这条河便存在了。

在这条河未断流之前，这一带居民多以行船或打鱼为生，后来河道淤塞才改为务农。

辽出于政治和军事需要开凿的这条河为北京东南郊的发展发挥了不小的作用。这条河改善了水路交通，促成这个地区商业的迅猛发展，为了适应经济发展、加强运输事业管理，辽甚至专门设"转运使"一职。

而东垣一带本就属地势低洼的易涝区，故开凿后不仅用以运输，而且利于农业生产，使河两岸农业年年丰收。

但这条河最显赫的贡献无疑是促进了东垣地区的百业俱兴，为北京逐渐成为首都打下了坚实的基础。如果没有这条河，那么后来的左安门地区可能又是另外的一番景象了。

右安门又名"南西门"，原是北京外城的七门之一，于1562年建成。古时候北京右安门的命名不是根据"左西右东"的属性，而是从内廷也就是紫禁城的角度来测定的方位。

因此，位于故宫西南边的门叫作右安门，而东南边的门就叫作左安门了。它体现着君临天下的大一统观念。

右安门原是一门一楼。右安门城楼为单层单檐歇山式，瓮城呈半圆形，箭楼为单檐歇山小式，其南侧面辟两层箭窗，每层七孔，东西侧面亦辟两层箭窗，每层三孔，侧面正中辟过木方门。

右安门是北京外城南城墙三门中最西边的一个。右安门由于正对内城的宣武门，在建成之初叫作"宣武外门"，后才改称右安门。右安门位于宣武、丰台交界处，是北京城南地区的一个重要交通中心。

东便门是北京外城东南端一座小城门，位于北京城墙东南端角楼旁边，东便门是北京保存下来的城门之一，主要由城楼和箭楼组成。

1564年，嘉靖皇帝为了防御蒙古骑兵进攻，增强北京城的防卫，保障北京城的安全，就下令修筑了包围南郊一面的外城，在外城的最东端修建了东便门。

在当时的形势下，统治者最强烈的愿望是安宁，安宁压倒一切。

东便门城楼为单层单檐歇山小式，灰筒瓦顶，四面开过木方门，无窗。面阔三间宽11.2米，进深一间深5.5米，高5.2米。其城台正辟过木方门，楼连城台通高12.2米。

瓮城为半圆形，东西宽27.5米，南北长15.5米，单层单檐硬山小

式，灰筒瓦顶，南背面辟过木方门，东西北三面辟箭窗，每面各两层，弱面每层四孔，东西面每层两孔。

面阔三间宽9米，进深一间深4.6米，高4.7米。其城台正中辟门，外侧为拱券顶，内侧为过木方门，楼连城台通高10.5米。

北京城东南角楼为明、清两代北京内城东南转角处的箭楼，简称角楼。原北京有内外城之分，内城建筑较早，为明代在元大都的基础上改建的。据明代的《英宗实录》记载：

正统四年四月丙午，修造京师门楼、城壕、桥闸完。城四隅立角楼。角楼始建于明正统元年，四年竣工。

东便门角楼建于突出城墙外缘的方形台座上，通高29米，四面开箭窗144个。角楼内立金柱20根，整座楼建筑面积为793平方米。加之相连的南城墙，总占地面积约3654平方米。

关于东便门名称的由来有两种说法：

一种是取其直意，便于南北方向的出入和为了工程简便，而不是大兴土木。

二是东便门的位置偏居北京城的东侧，并且是内城和外城的结合部位。因此，这座城门可因其所处位置，用"偏"来命名，称为"东偏门"。但由于"便"和"偏"的发音相近，时间一长就把"东偏门"读作"东便门"了。

西便门是北京外城西南角城门，位于北京城墙西南端角楼旁边，主要由城楼、箭楼、瓮城组成。

1564年，因蒙古骑兵数次南侵，加之城外关厢居民日渐增多，在京城四周修筑外城。

后因财力不济，只修了环抱南郊的一段，设永定门等五门，使京

师城垣呈"凸"字形。后与外城东北、西北两隅与内城连接处附近各辟一朝北的城门，规制较简陋，门楼通高仅11米，分别称东便门、西便门。

后来，嘉靖皇帝又下令补修了外城及其七门，西便门增筑径长31米的半圆形瓮城，加固其东侧内外城连接处的城墙垛口，疏浚城门外的护城河道，同时在城门以东修筑一座三孔水门，使玉泉山在附近顺利分流注入通惠河。清代又在瓮城上修筑宽9米、高4.7米的小型箭楼。

西便门城楼通高10.5米，其他形制、尺寸均与东便门相同。为单层单歇山小式，灰筒瓦顶，四面开方门，无窗。面阔三间宽11.2米，进深一间深5.5米，高5.2米。其城台正中辟过木方门，楼连城台通高11.2米。瓮城为半圆形，东西宽30米，南北长7.5米。

箭楼为单层单檐硬山小式，灰筒瓦顶，南背面辟过木方门，东西北三面辟箭窗，每面各二层，北面每层四孔，东西面每层两孔。面阔三间、宽9米，进深一间，深4.6米，高4.7米，其城台正中辟门，外侧为拱券顶，内侧为过木方门，连城台通高10.5米，门楼通高仅11米。

永定门位于左安门和右安门中，是老北京外城七座城门中最大的一座，也是从南部出入京城的要道。永定门始建于明嘉靖时期，共跨越了明、清两代。

1403年，正值明代的永乐元年，在南京称帝的永乐皇帝朱棣下令将自己做燕王时的封地北平升格为"北京"。

1407年，朱棣下令在北京兴建皇宫，整修城墙，预备迁都。后来为扩展皇宫前方的空间，将原在长安街一线的南面城墙南移1千米，在正阳门一线重建。

1421年的元旦，朱棣宣布正式迁都至北京。这时的北京城，平面轮廓呈正方形，只有九座城门。城市中轴线南起正阳门，贯穿皇宫，北抵钟楼。

明初国势强盛，永乐皇帝对蒙古部族采取攻势，曾五次率军北征，问题尚不凸显。

后来明朝的实力衰落，多次被蒙古军队兵临城下，至嘉靖年间，遂有官员建议在北京城外围增建一圈周长约40千米的外城，以策安

全。因资金不足，在严嵩的建议下改变了设计方案。

1564年北京外城建成之后，正门命名为"永定门"，寓意"永远安定"。但是在当时只是修建了城门楼，后来又补建了瓮城。

永定门城楼的形制一如内城，重檐歇山三滴水楼阁式建筑，灰筒瓦绿琉璃瓦剪边顶，面阔五间，通宽24米。进深三间，通进深10.50米，楼连台通高34.04米。瓮城呈方形，两外角为圆弧形，东西宽42米，南北长36米，瓮城墙顶宽6米。

箭楼规制与城楼差距较大，不大协调。为单檐歇山式灰筒瓦顶，面阔三间，宽12.8米，进深一间6.7米，高8米，连城台通高15.8米。南、东、西三面各辟箭窗二层，南面每层七孔，东西每层三孔，北侧楼门为过木式方门，箭楼下城台正中对首城楼门洞辟一券洞门。

永定门上面的石匾是仿明代石匾原样雕刻的。1644年，清朝建都北京后，曾将各城门上用汉文题写的明代匾额撤下，改用满、汉两种文字题写的匾额。

明代原配的永定门石匾长2米，高0.78米，厚0.28米，楷书的"永定门"三字沉雄苍劲，保存完好，是明嘉靖时期始建永定门时的原件。在后来的永定门门洞上方所嵌石匾的"永定门"三字，就是仿照这块石匾雕刻的。

直到1750年，永定门增建箭楼，重建瓮城。1766年，乾隆皇帝下令对永定门城楼进行重修，加高城台和城楼层顶，采用重檐歇山三滴水的楼阁式建筑，使用灰筒瓦、绿剪边，装饰以琉璃瓦脊兽。

此时永定门已成外城之最大城门，又增建了箭楼，增建外城起因是为了加强北京防卫，至此，永定门工程才算全部完成。

后来，永定门城楼又重修过一次，并提高了其规制，加高城台、城楼层顶，采用了重檐歇山三滴水楼阁式建筑，并装饰了琉璃瓦脊兽，以雄伟姿态矗立于北京城中轴线的最南端。

皇城四门指的是天安门、地安门、东安门和西安门，这四扇门是城里的文武百官进出宫廷用的。

地安门是北京中轴线上的标志性建筑之一，是皇城的北门，天安门则是皇城南门。南北互相对应，寓意天地平安，风调雨顺。

地安门位于皇城北垣正中，南对景山，北对鼓楼，始建于1420年的明代永乐年间，1503年重修，1652年，顺治皇帝下令重建此门，并易名为地安门。

地安门为砖木结构的宫门式建

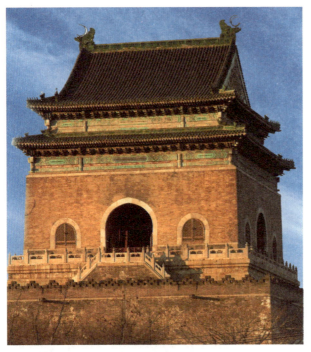

筑，面阔七间，中明间及两次间为通道，明间宽7米，两次间各宽5.4米，四梢间各宽4.8米，总面阔38米。

正中设朱红大门三门，左右各两梢间为值房。门内大道两侧有米粮库、油漆作、花炮作等机构。地安门内左右两侧各有燕翅楼一座，为二层楼，原为内务府满、蒙、汉上三旗的公署。

据记载，地安门在历史上曾经发挥过重要作用。因为地安门是皇城的北门，皇帝北上出征巡视时大多要出地安门，亲祭地坛诸神时也出地安门。

这个时候的地安门为禁地，普通百姓是不得随便出入的。清朝推崇古制前朝后市，地安门商贸活动比较活跃，市场繁荣。

早年，地安门外竖有一通石碑，上书"官员人等，至此下马"。如果有谁跃马扬鞭而过，则被视为欺君之罪。

在当时，地安门内还设置有许多为皇家服务的衙门，诸如尚衣监、司设监、司礼监、酒醋局、织染局、针工局、巾帽局、火药局、司苑局，还有钟鼓司、供用库、蜡库、帘子库、兵器库、皮房、纸房和安乐堂等。

东安门是清朝北京皇城的东门，是皇城的四个大门之一，东皇城墙始建于1420年，原在玉河以西，河在墙外，1432年东移，将玉河包入墙内。墙为南北走向，正对紫禁城东华门处设东安门，为七间三门黄琉璃单檐歇山顶。

门内为跨玉河之石拱桥，因官员们上朝陛见，皆由东安门进宫，所以俗称此桥为望恩桥或皇恩桥。桥西原为永乐时之东安门，宣德时改为三座门式，通称东安里门。望恩桥上砌有障墙，将两门连为一体。

相传，东安门上的门钉并非我国传统建筑规制中的九九八十一颗，而是八行九列共七十二颗，这究竟是为什么呢？

在当时，人们普遍认为"九"是阳数的极数，因而被称为极阳数。超过"九"，只是零的增加，因此古代常以"九"来突出帝王之位的崇高和神圣。

旧时传说紫禁城中的房屋为9999间半，重要的大殿面阔9间，角楼的建筑结构城九梁十八柱，七十二道脊，外东路南侧的九龙壁，皇宫

大门的门钉依建筑等级规定为纵横各九路等，都是这方面的体现。当然，9999间半房屋这个数字并不确切，只是个传说而已。

紫禁城四个城门中，午门、神武门、西华门的门钉均为纵九横九，只有东华门门钉为纵九横八。

对此，就引发出了许多解释。一种认为清朝从顺治帝到隆裕太后，帝后逝世，都是从东华门送殡，进东华门迎灵，按人死为鬼的说法，所以又将东华门称为"鬼门"和"阴门"。

清代从东华门出灵的原因，据说是明末思宗朱由检在李自成进攻北京时，就是从此门逃到煤山自杀的，后来他的灵柩又停在东华门外数日，无人埋葬。

因此，清入关后就认为东华门是个很不吉利的门，于是决定由此门出灵柩，并将门钉减至阴数72个，即为纵九横八。

还有一种观点认为，东华门门钉纵九横八的格局自明代起就是这样的，并非到了清代才有改变。事实上，东华门门钉的设计与古代的堪舆理论有关，是古人在紫禁城设计中，采取的逢凶化吉和趋吉避凶的文化心理体现。

西安门始建于1417年，与北京皇城的大明门、天安门和地安门在同一条直线上，而东安门和西安门则不在同一条直线上，东安门同紫禁城东华门相对，西安门同紫禁城西华门不相对。

明代的紫禁城西面有西苑、太液池和金元时期建造的苑囿，其中有大片的水面，所以自西华门无法向西直线行进，只好在皇城西墙中段偏北处设西安门，由北海与中海间的陆地通道通行。

西安门没有城台，门基是青白石，红墙，单檐歇山黄琉璃瓦顶。西安门面阔七间，进深三间。中间的明间以及左、右次间为门，各有一对红漆金钉门扇，左、右稍间及末间为值房。

北京皇城还有其他四座大门，分别是大明门、端门、东三座门和西三座门。大明门为砖石结构官门式建筑，基础为汉白玉须弥座，单檐歇山顶黄琉璃瓦，面阔五楹，正中辟三门阙，汉白玉门槛。

1644年清顺治元年改名为大清门。门上镶嵌汉白玉石匾，上有青金石琢磨的"大清门"三字，背面为"大明门"三字。

端门规制与天安门相同，端门可以算作午门的外门，相当于周礼天子五门之制里的雉门或库门。

东三座门，又称长安左门，规制与大明门相似。明清殿试后在此门外发榜，因此又称"青龙门"或"龙门"。西三座门，又称长安右门，规制与大明门相似。明清时在此门内的西千步廊勾决死刑犯人，因此又被称为"白虎门"或"虎门"。

知识点滴

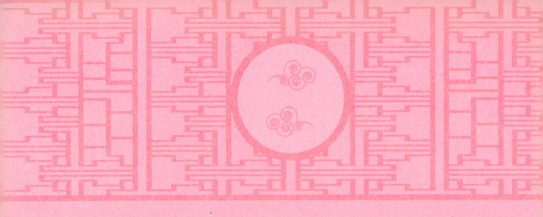

历史悠久古城西安的城门

西安是我国历史上建都时间最长，建都朝代最多，影响力最大的都城，居我国古都之首，历史上最为强盛的周、秦、汉、隋、唐等朝代均建都于西安，是十三朝古都。

隋唐时期，西安称为长安。当时，长安的外城依据《周礼·考工记》中"匠人营国，方九里，旁三门"的传统都城建制，在外城四面，共开12座城门。

其中南面有三门，中间为明德门，东边为启夏门，西边为安化门。东面有三门，中间为春明门，北边为通化门，南边为延兴门。

西面有三门，中间为金光门，北边为开远门，南边为延平门。另外还有三座门，实际上是北部禁苑的南门，百姓是不能进出的，分别为中间的景曜门，东边的芳林门，西边的光化门。

除南面中门，即长安城正门明德门下开五门外，其他各城门都开三门。各城门上都建有高大的城楼。其中，北面三门因是皇家苑囿的入门，早在隋初已建有城楼。

明德门是唐代长安城正门名。位于外郭城南面中部，门内北以朱雀门大街与承天门大街直通皇城正门朱雀门与太极宫正门承天门。门外也有南北大道，南行40千米至终南山。明德门建于隋代年初。654年，唐高宗下令在各城门都修建了城楼。

明德门东西宽52.5米，南北宽16.5米，面积866平方米，由此推知，上应有城楼东西十一间，南北三间。明德门城楼间数之多，超过其他郭城门楼，并和大明宫正殿含元殿东西间数相同。

明德门是长安外城最大的一座城门，下开五门洞，较其他城门多出两门洞。门洞一律宽6.5米，进深18.5米，各门洞之间隔墙厚2.9米。每个门洞的两侧都有排柱的柱础坑，础基石已被破坏无存，排柱坑每排15个，每个门洞都可以两车并行。

在明德门两端的两个门洞中，有清晰的车辙痕迹，有的车辙是从中间三个门洞的前面绕至两端的门道通行的。

结合记载可知，明德门五个门洞，其两端两门洞是供车马出入通行的，次内两门为供行人通行，正中的一个门道，是专供皇帝出明德门外郊祀圜丘祭天通行的。

因此，明德门中间门道内的石门槛制作极其精致，上面雕刻有流畅的卷草花纹，顶面还有一浮雕的卧狮，威武而庄严。

启夏门是唐代长安外郭城南面的偏东门，始建于隋代，有南北直街直抵大明宫兴安门，西距明德门约1.6千米。

在启夏门上建了城楼，下开三个门洞。门址东西宽35米，南北宽15

米，面积525平方米。门外西南1千米处有圆丘、太一和灵星三座神坛。

安化门是唐代长安外郭城南面的偏西门，建于隋，北对郭城北面的芳林门，东距明德门约1.4千米。

在安化门上建了城楼，门下开三门洞，门洞宽度一律为7.2米。门东西宽42.5米，南北宽10米，面积425平方米。

春明门是唐代长安外城东面的中门，建于隋朝初年，西对外城西面中门金光门，居外城东墙自南向北约4.6千米处。朝廷在春明门的基础上修建了城楼，门下开三门洞。

春明门东西宽23.6米，南北宽15米，面积354平方米。开元时期，朝廷主持筑夹城的复道经过春明门，北至兴庆宫与大明宫相通，南至曲江与芙蓉园相通。

唐穆宗长庆年间，朝廷曾在春明门内造天王阁，与兴庆宫连墙。在后来的828年，朝廷将天王阁移至大兴善寺。

　　唐朝在通化门上修建了城楼，门下设三个门洞。门南侧由龙首渠引水从这里筑涵洞流入城里。门外有夹城复道由大明宫经此通化门，向南直通兴庆宫、曲江和芙蓉园。

　　通化门是唐代长安外郭城东面的偏北门，唐肃宗至德年间改名为达礼门，后又改回通化门的称呼。通化门西对皇城延喜门、安福门及郭城西面偏北的开远门，南距春明门约2.1千米。

　　延兴门是唐代长安外郭城东面的偏南门，始建于隋朝。584年，隋文帝敕令改名为延兴门。延兴门西对郭城西面延平门，北距春明门约2.3千米。

　　唐朝在延兴门上修建了城楼。门下设有三个门洞，门道一律宽6米。门东西宽21米，南北宽42米，面积882平方米。门外有复城夹壁北通兴庆宫与大明宫，南通曲江与芙蓉园。

　　金光门是唐代长安外城西面的中门。在金光门上修建了城楼，门

下设三个门洞，洞一律宽5.2米。

唐天宝元年，京兆尹韩朝宗从城南分水北流，修筑漕渠，经金光门附近入城，至西市潴水池。门东西宽11米，南北宽37.5米，面积412.5平方米。

开远门，也叫做安远门，是唐代长安外郭城西面的偏北门，开远门上修建了城楼。

开远门东与皇城安福门、延喜门及郭城东面通化门相望，西有通往西域的大道。

延平门是唐代长安外郭城西面的偏南门，城门原名失去记载，开皇四年，隋文帝敕令改名为延平门。后来唐朝在延平门上修建了城楼。

延平门东对郭城东面的延兴门，北距金光门约2.3千米。门下设有三个门洞，门道宽度一律6.7米。门东西宽15米，南北宽39.2米，面积

588平方米。

　　景曜门是唐代长安外郭城北面中门,因门北地区为皇家苑囿,实际为禁苑南墙的中门,始建于隋代,门上建有城楼,门下设有三个门洞。景曜门向南直达修德坊与安定坊之间的南北大街,直抵南郭墙。

　　芳林门是唐代长安外郭城北面的偏东门,实际上是禁苑南墙三门中的偏东门。芳林门东临宫城西北角,南直达外郭南墙安化门,中与南北纵街相通。

　　芳林门始建于隋代初年,隋称华林门,后因为门北苑内有芳林园而改称芳林门。门上建有城楼,门下开设三个门洞。

　　光化门是唐代长安外郭北墙的偏西门,实际上是禁苑南墙偏西门,位于景曜门的西边。门上建有城楼,门下开三个门洞,南面纵街直通郭城南墙。

　　兴安门位于唐代长安城东北部,与建福门相邻。兴安门是唐代长安北郭城门之一。据《长安志》记载,兴安门为唐大明宫南宫门之一,位于建福门西。

　　而据《唐六典》注及《唐两京城坊考》记载，兴安门原来是旧京城入皇城的北门，南对郭城的启夏门，建于583年。

　　兴安门位于大明宫西城墙之外，在大明宫与西内苑之间。兴安门向东距大明宫城西南角60米，距建福门260米，距丹凤门680米，门下有一门道。

　　朱雀门是唐代时期长安皇城的正南门，正南门的下方是城市中央的朱雀大街。隋唐时，皇帝常在这里举行庆典活动。

　　589年，隋朝统一了全国，隋文帝曾经在朱雀门城楼检阅凯旋大军。

　　629年，玄奘为了求得真经离开长安出凉州，经玉门关沿丝绸之路独自向西而行，途中历尽艰险，最终历时四年、穿越数十国，终于抵达天竺那烂陀寺。

　　645年玄奘取经归来，返回长安，带回了657部梵文佛经。唐太宗派宰相房玄龄迎接玄奘，迎接仪式就在朱雀门举行。

　　那时建筑宏伟壮观的朱雀门是皇城的正门也就是皇上出入的南门。唐末，韩建在缩建新城的时候，这座城门就已经被封闭。

　　朱雀门的建造，吸引了无数的文人墨客前来，生动形象地描述出了当时朱雀门的宏伟和华丽。

　　朱雀门的城门柱

础用大理石制成，青石制作的门槛上刻有线条优美神采飞扬的蔓草花纹，磨砖对缝的门洞隔墙厚实端正，残垣断壁处处流露出当年的华贵风采。

文昌门的城墙上建有魁星楼，是西安城墙上唯一与军事防御无关的设施。

魁星又名"奎星"、"奎宿"，是二十八星宿之一，古代传说魁星是主宰文运兴衰的神，被人们尊称"文曲星"、"文昌星"。

如果有人能被魁星的朱笔点中，就能妙笔生花，连中三元，成为状元。所以，古代孔庙、学府里都建有供奉香火的魁星楼。明清时候的西安府学和孔庙建在城墙旁边。

西安中山门，是在西安城墙东侧的一座城门。中山门共有南北两座门洞，南侧门洞名为东征门，北侧门洞名为凯旋门。

沿着西安城墙东侧，中山门南面为正东门，长乐门，北面为朝阳门。中山门城外向东连接伍道什字西街，城内向西连接东新街。

中山门北侧凯旋门保存着的木质城门板，是西安城墙各城门中唯

一的一处有门板的城门。

　　永宁门是西安城墙中的一个城门，俗称南门。南门是西安城门中资格最老、沿用时间最长的一座，建于隋初年。当年它是皇城南面三座门中偏东的一座，叫安上门。唐末缩建新城时留作南门，明代改名为永宁门。

　　含光门是唐长安皇城南面的偏西的一处城门，唐末缩建新城时，封闭了它的中门洞和西门洞，保留了东门洞，北宋以后全部封闭。

　　含光门的夯土保存达8米以上，三个门道的尺寸清晰，东、西两门道的宽度分别为5.3米，中间门道宽度为5.5米，含光门进深处长度为19.6米。

　　含光门内两侧都有砌砖，有过梁式门道，门上有城楼。含光门内有上门楼的马道，在门西侧，紧贴城墙。

　　含光门的中门道作为权贵门道，利用率低，所以几乎没有维修过，基本上保留着大唐初期砌门的材料与形制，大气精致。

　　东、西门道多次维修，基本上保留着晚唐时期粗糙的砖砌形制。每个门道砌砖上都抹有白灰墙皮，门道上车辙还在，每个门道中部的石质门槛还依然存留着，门道过梁和门楼的柱础等都完好地保留了下来。

长乐门是西安城墙的正东门，保留下来的有城楼、瓮城以及南北两侧六个门洞。沿着西安城墙东侧，长乐门北面为中山门，南面为东南城角。

长乐门北侧门洞开辟于明代，因明都城位于西安的东面，因此将东门命名"长乐"，带有祈祝大明江山长久欢乐、万年不衰之意。

尚武门是西安北城墙最西一门，与尚德门、尚勤门和尚俭门共同表示儒家崇尚"良好品德、习武健身、勤俭节约"。

知识点滴

在西安，穿过长乐门有一条长2150米的东大街。隋开皇年间建新都大兴城，东大街就位于皇城东墙南门的内外两侧，名景风门街。

唐末，长安城毁，佑国军节度使韩建缩建长安新城，新城东西两侧筑万年、长安两个县城，成为母子三城拱卫之形制，此街分为城内外两段。

因县城有西北最大的驿站京兆驿，车马过往，商贾云集，宋金时期这一带名大草市，明清时演化为大差市。明初扩大西安府城，拆景风门东移1300米建东门，始统名东门大街。

利用元奉元城东北隅建秦王府，又在南沿和今北大街中线筑秦王府萧墙，萧墙内为王城，俗称皇城，将此街包入王城内。清原王城改为八旗驻防城，俗称满城，此街又称顺城街。街西端即钟楼东门洞，也就是满城的西南角门。

古城南京御敌屏障的中华门

南京位于长江下游，历史悠久，有着6000多年文明史、近2600年建城史和近500年的建都史。

它是我国的四大古都之一，有"六朝古都"和"十朝都会"之

称，是中华文明的重要发祥地，而矗立在南京的座座城门，无疑是这种历史的最佳见证者。

玄武是我国传统文化中的四象之一，根据五行学说，它是代表北方的灵兽，形象是黑色的龟与蛇合体，故玄武也俗称为"龟蛇"。

而玄武门则是古城南京的一处古城门。南京城，是明太祖朱元璋定都南京时开始修筑的，历时21年建成。明南京城周长33.6千米，城高平均12米，宽10至18米。城墙以条石砌基，巨砖砌身，城砖用优质黏土和白瓷土烧成，每块重10千克至20千克。

砖上还印有制砖府县和烧砖人的姓名和烧制日期。以糯米浆拌石灰做黏合剂，非常坚固。虽经岁月的风吹雨打，但仍然完好无损地保留了下来。

南京全城共有13座城门、13600个垛口、200多个堡垒。规模最宏大的是正南方向的聚宝门。

1366年，明太祖朱元璋下令修筑京师应天府内城城墙，其中最南边的城门，是在南唐都城南门的故址上重建的。

据《明史》记载，应天府城墙最南端的南门，因为根基不牢，屡次建造、屡次坍塌，反复几次后，有谋士建议把明代初年吴县富翁沈万三的宝物聚宝盆埋压在城门基础土层下面，这样城门基础就不会下陷了，城门就能建造完成。

明太祖朱元璋采纳了谋士的建议，下诏强行征收了沈万三的聚宝盆，并将沈万三的聚宝盆埋压在城门的建筑基址下面，有了聚宝盆的扶助，城墙根基不再下陷，随后中华门内瓮城城门楼被建造了起来，所以这座城门被明代朝廷命名为"聚宝门"。

明代初年，在建造聚宝门的时候，朝廷为了保证城墙砖的质量，采取了严密的检验制度，每块砖的侧面都印有制砖工匠和监造官员的姓名，一旦发现不合格制品，立即追究责任，这恐怕是普天之下首次采用的质量追踪制度。

因为有严密地质量追踪制度，并能够严格加以执行，所以应天府内城墙包括聚宝门城墙砖的质地非常过硬，尽管经历了朝代更迭，聚宝门依然保存完好。

后来，人们将聚宝门更名为中华门。中华门东西宽118.5米，南北长128米，占地面积15168平方米。共设三道瓮城，由四道券门贯通，首道城门高21.45米，各门均有可以上下启动的千斤闸和双扇木门。

瓮城上下设有藏兵洞13个，左右马道下设藏兵洞14个，可在战时贮备军需物资和埋伏士兵。中华门瓮城的东西两侧筑有宽11.5米、长86.1米的马道，马道陡峻壮阔，是战时运送军需物资登城的快道，将军亦可策马直登城头。

中华门设置有三道瓮城和四道券门，主体建筑内瓮城由中华门主楼城门和两至四道辅助城门构成，各城门原有双扇木门和可上下启动的千斤闸，后来被毁坏。中华门主体建筑两侧的建筑有27个藏兵洞，可以同时屯兵3000余人并储藏士兵所需生活物资。

中华门主楼即第一道城门分上、中、下三层，高21.4米，上层原建有庑殿式重檐筒瓦顶的镝楼。中层为砖石结构，朝内一排设置七个藏兵洞，下层结构中间为瓮城甬道，两侧各有三个藏兵洞。

中华门两至四道辅助城门为二层结构，上面有木质城楼，下层为砖石结构。

中华门城门主楼和辅助城门楼以及两边连接的瓮城城墙共同构造了中华门内瓮城的主体建筑。

聚宝门就是中华门的城墙砖，烧制技术的难度掌控是相当大的，城砖的制作由京师工部、京师驻军及长江中下游的湖南、湖北、江西、京师四地共125个县承担，京师应天府以外制作的城墙砖烧成后由长江水路运送到京师，用来保证京师城墙建筑材料的供给。

中华门内瓮城这种藏军设施，在古代冷兵器战争中具有十分重要的作用。遇有敌人强攻时，可将敌兵放进城门欲擒故纵，然后关起各道城门，把敌军截为三段，分别歼灭。

又因为中华门的瓮城在城墙内侧，所以这座宏伟的城门楼也被称为"中华门内瓮城"。

在南京，还有很多城门，汉中门就是其中的一个。汉中门建于南唐，是六朝古都南京现存历史最悠久的城门，是南京保存相对完好的瓮城之一，也是南京丰厚文化积淀的一个缩影。

汉西门为五代杨吴天在915年所建金陵府城的大西门，即南唐建都后江宁府城的大西门，并沿用至宋、元。

1336年明太祖朱元璋扩建应天府，在此基础上加筑瓮城，改称石城门，后称汉西门。

此门坐东朝西，东西深121米，南北宽122米，占地近1.5万平方米，由两道瓮城、三通城门组成。后来，又在汉西门的北侧另辟一门，称为汉中门，石城门至瓮城城门呈中轴对称，是古代特有的东西轴线，历史文化氛围十分浓重。

知识点滴

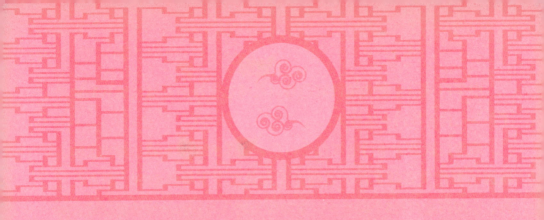

人间天堂中的护城壁垒

古时杭州曾称"临安"、"钱塘"、"武林"等，杭州的杭字本意是船，专指大禹治水乘坐过的船。杭州历史悠久，4700多年前就有人类在此繁衍生息。

自秦朝设县治以来，已有2200多年的历史。是五代时期吴越国和南宋的都城，为我国七大古都之一，古有"人间天堂"的美誉。

南宋以前，杭州有旱门13个，水门五个。自元、明、清以来，杭州城已固定为十个城门，从前人们把十大城门及各门的物产编成杭曲小调：

百官门外鱼担儿，坝子门外丝篮儿，正阳门外跑马儿，螺蛳门外盐担儿，草桥门外菜担儿，候潮门外酒坛儿，清波门外柴担儿，涌金门外划船儿，钱塘门外香篮儿，太平门外粪担儿。

几经沧桑，随着杭州城池的不断变迁，昔日起重要作用的城门均已湮没，只剩下这为数不多的几个。

　　武林门是杭州最古老的城门，它作为杭州的北城城门，始建于隋代。吴越国王钱镠修建杭州城垣时名为"北关门"。

　　南宋高宗建都杭州，将它称为"余杭门"，是作为北城的唯一旱门，另外还有"天宗"和"余杭"两座水门以通舟楫。其后，杭州城城门虽屡有兴废，但此城门始终未变。

　　在隋文帝时，大力修筑杭州城，城门12座，北门只有余杭门。南宋13城门，北门也仅此一座，明以后改称"武林门"。

　　武林门，亦名"北关门"。因"北关"在杭州话里同"百官"发音相近，因此，民间俗称为"百官门"。由于杭州旧称"虎林"的原因，它原本是被称为虎林门的。

　　因为旧时城门外有山，据明代田汝成的《西湖游览志》记载：

　　　　土阜陂陀，高可三丈，广不满百步……弄虎出焉，故名虎林。吴音承讹，转虎为武耳。

因而，以讹传讹，就变成了"武林"，最终这座城门名称变为武林门。

由于武林门是杭州城的北大门，武林门外，历朝历代都是黄土铺地，清水遍洒，"朝廷恩泽自北而来，由此门入"，对江南情有独钟的康熙和乾隆皇帝都是由此进入的杭城，因此历史上的武林门被奉为恩泽之门。

相传在当地有一个虎林山，也叫虎陵山，吴音讹为武林山，高不过三丈，广不足百步，是北山的余脉。自隋唐起，此地为京杭运河南端码头，贩米、运货、进香之人昼夜不绝，渐成闹市。元休有"北关夜市"之誉，魏标《湖墅杂诗》卷下：

栉比居物价昂，北关夜市验丰穰，更深尚未入烟散，应须用驻防。

由此可见，当时商贾辐辏之盛。

武林门近京杭运河，每当夕阳西下，"樯帆卸泊，百货登市"，入夜，"篝火烛照，如同白日"，被元人列为"钱塘十景"之一。

因为武林门一带历来都是杭嘉湖地区的淡水鱼集散地，故民间有谣传唱"百官门外鱼

担儿"。

从隋代以来，武林门外一直是沟通我国南北大运河杭州段的城北运河和城内运河的枢纽地带。从隋唐至清末，从杭州输向京城的钱、粮、鱼、盐及其他丝绸百货，主要依赖这一南北水上交通要道。

望江门是杭州的东城门之一，始建于南宋高宗绍兴年间，称"新门"或"新开门"。元末改筑杭州城后，称永昌门。清代初年，始改名"望江门"，杭州人也习称"草桥门"。

望江门外，明清以前一直是观潮胜地，历代志书中有不少记载，其中著名的有"映江楼"等。明人记载映江楼在永昌门外江边。宋时原为"烟云鱼鸟亭"。元代重建为"瞰江亭"，明代改亭建楼，方有"映江"之称。

由于层楼高耸，俯临江岸，气势雄伟，当时诗人誉为"形胜东南属此楼"。映江楼的西南，有观潮楼，又名大观楼。

据清初有人考证，"其地正对海门，当潮汐往来之冲"，传说为唐代江楼遗址。观潮楼右有顺济庙，祭祀浙江海神龙王，俗称海潮寺，传说钱江怒涛涌至庙前"其声愈壮"，景色十分壮观。

望江门内有德寿宫遗址，原为南宋奸相秦桧在1145年所建的府第，后来高宗赵构年老退位后居住于此，改名德寿宫。

候潮门始建于五代吴越时，当时名为竹车门。因筑城时以竹笼盛巨石，用车运去以定城墙的基石，故名。

南宋年间在竹车门的故址上重建候潮门。因城门濒临钱塘江，每日两次可以候潮，故而名候潮门。

南宋时，候潮门以北有保安门、保安水门，它的南面是便门和南北水门，西面是六部桥，东临钱塘江。

古代，杭州城内的绍兴老酒都由候潮门入城，因此，杭谚有"候潮门外酒坛儿"之称。

清代中叶以后，望江门外江岸涨沙日增，一片荒芜，仅有一些菜畦点缀其间，因而有"望江门外菜担儿"的俗谚。据说望江门菜种得最高的地方，是在城墙上。四五米高的墙上，种菜人搭起了窝棚。

那时候，上八府来的木排，全在这里交易。买木材的不光是杭州人，还有顺水从下三府来的乡人。"望江门外木排儿"，也是一句杭谚，这句俗谚传出得要比"望江门外菜担儿"远。

城门边有一个水龙会，水龙会不仅管理木材，还惠及地方。水龙会的锣声一响，响几声，是指哪一处发生了火灾。于是，众人就拿着水龙，赶火去了。这"赶火去"，也算是杭州话中的经典。

钱塘门在隋朝杭州建城就有，1400多年以来，它和杭州城墙相终始，是杭州唯一一个从未改名易地的城门，为杭州的西城门之一。

据史料记载，宋代钱塘门一带的城墙，西薄霍山，东折至北关，形势多曲，也称为九曲城。至元末，城墙去曲取直，这段城墙几近拆尽。明代，有所修复。

宋元时期，钱塘门外多佛寺、楼台、园囿，是杭州的人物风情繁华之地。最有名的看经楼，又名望湖楼，是观赏西湖水景的绝佳之地，苏轼有诗：

黑云翻墨未遮山，白雨跳珠乱入船。
卷地风来忽吹散，望湖楼下水如天。

看经楼后面是佛教名寺昭庆寺，香火如云，其时有"钱塘门外香篮儿的说法"。

清泰门是杭城古代的东门，南宋初，在其南面另辟一门叫崇新门，门近荐桥，因此亦名荐桥门。南宋末元初时，元兵攻占杭城，城门被毁。元末重建城垣，往东延伸三里筑门，名为清泰门。

清泰门俗称螺蛳门。因清泰门外水网交错，河中多产螺蛳，故有螺蛳门之称。

城门建有半月形城，亦称瓮城，用以加强防御。清泰门外沿江一带直至江水入海处，是古代煮海盐之处，沿江多盐，因而民谣有"螺蛳门外盐担儿"的说法。

清时，杭州府辖下的盐场，在清泰门外有"三保"。"三保"设有灶保三名，役使四名，属于杭州府的内部编制，负责盐场的"稽煎缉私"。盐的制作，全在这些稽缉人员的眼皮下进行。

盐场的产出，除了配给仁和、钱塘、余杭三县的"肩引"每"引"50千克外，剩下的盐全由官府出资收买。这一种"引"，每八天一换，以便核对盐商的身份。

当时的杭州，民食殷繁，盐商纷杂。钱塘与仁和两县的食盐销售，可以互相调剂，听凭盐商"互地行销"，只有余杭来的"肩引"，走的路线是有规定的。只准盐商走清泰门外前往武林门，再出观音关直至余杭，"不许绕道越走"，这也是余杭不同于直属县钱塘和仁和的最大区别。

不过，清时还有一条贩盐的规定很人性，这就是杭州府另拨仁和、钱塘两县的老年人贩盐名额300个，凭"筹"每日"止许负盐三十斤"，使无依无靠的老人能保持"易米糊口"的生活，这也是1689年康熙南巡杭州时尊老精神的发扬。

艮山门是杭城古代的东北门，五代吴越时筑罗城，为十城门之一的保德门，南宋绍兴年间移门址于菜市河以西，改名为艮山门。艮为北，艮山，为城北之小山。北宋汴京有"艮岳"，南宋取名艮山，有思念故国之意。

艮山门内有顺应桥，俗称坝子桥，艮山门因而也被称为坝子门。

1276年元兵进占杭州城，艮山门被毁。元末在保德门的故址上重建艮山门。艮山门一带，宋元以来就为驰名中外的"杭纺"主要产地，这里丝织户与机纺作坊遍布，机纾之声，比户相闻，因此杭州民谣有"坝子门外丝篮儿"之称。

庆春门为杭州古代东城门之一。原名东青门，因门外有菜市，又称菜市门。宋末元初，元兵占领杭州城，城门被毁。元末重建，往东拓展三里，因新门临近太平桥，所以又称太平门。明初，朱元璋部将常遇春由此门入城，故而改名庆春门。

庆春门内的庆春街，历来为杭城繁华街道之一。门外为郊区农民的菜地，菜农运菜进城，担粪出城，均由此门出入，故民谣有"太平门外粪担儿"之说。

清波门在五代吴越时为涵水门，南宋绍兴年增筑杭城，清波门是西城门之一，门楼濒西湖之东南，取"清波"之意名门，为历代沿用。清波门因有暗沟引湖水入城，俗称暗门。

清波门一带古迹甚多，历史上曾是文人墨客及书画家寓居之地，又因门通南山，古时候市民需用柴炭多从此门运入，故有"清波门外柴担儿"之民谣。

清波门一带向来是休闲赏景的好地方，"西湖十景"之一的"柳浪闻莺"就在城门的西边。

涌金门为古代杭州西城门之一。五代时吴越王钱元瓘引西湖水入城，在此开筑涌金池，筑涌金门，门濒西湖，东侧有水门。传说西湖中"金牛涌现"即在此地，因而得名。

涌金门历来都是西湖游览的通道，异常繁华。涌金门也称小金门，宋代诗人杨万里有诗"未说湖山佳处在，清晨涌出小金门"就是写涌金门。

涌金门早在古代就有游船码头，西湖游船多在此聚散，因而有"涌金门外划船儿"之谚。

凤山门是古时候杭州城的南大门。宋高宗赵构偏安江南，把杭州改为临安，并于南宋绍兴时期在凤凰山一带筑皇城，又筑外城，城门13座，此地为大内北门和宁门所在。

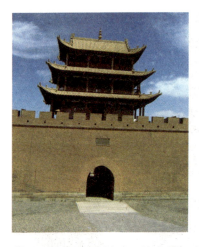

后来杭城被侵占，之后不久，南宋皇宫大内毁于战火，凤山门也遭毁。直到元代才重建城墙，在此处筑城门名凤山门，又名正阳门。

凤山门为南宋御街南端，它的旁边有六部桥，是南宋朝廷三省六部诸官署所在地，为南宋时的政治中心。

凤山门外万松岭一带，是连接江干一带和西湖赏玩的交通要道，风景优美，成为游人骑马踏青之处，因此杭州人有"正阳门外跑马儿"的民谣。

知识点滴

清波门也是杭州一座古城门，始建于1158年，"增筑杭城，为门十三"，清波门就是西城临湖的四城门之一。

元末，临湖四城门中的钱湖门被废置，西城只存清波、涌金、钱塘三门。明清时期，清波门更是成了城西南人们出入的唯一孔道。

南宋高翥在《春日湖上》写道："清波门外放船时，尽日轻寒恋客衣。花下笑声人共语，柳边墙影燕初飞。晓风不定棠梨瘦，夜雨相连荞麦肥。最忆故山春更好，夜来先遣梦魂归。"

描绘出了那时清波门一带的诱人景色，北宋词人张先的旧庐，就在清波门外的柳州。南宋末，周辉寓居在清波门之南，他所著的笔记集子便也就名为《清波杂志》。

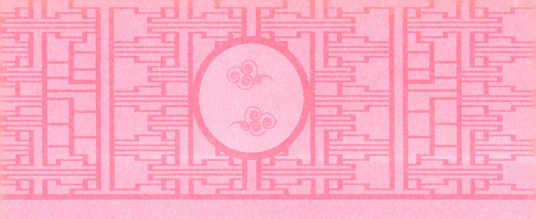

古都洛阳中的坚实城门

洛阳最早建成于夏朝，有东周、东汉、曹魏、西晋、北魏等朝代在此定都，因此有"十三朝古都"之称，与西安、南京、北京并列为我国的四大古都，也是我国历史上唯一被命名为神都的城市，历代帝王在这里都修筑了牢固的城门，以保卫国都固若金汤。

丽景门是我国历史上最为典型、最为优秀的城门，始建于隋代，据《唐两京城坊考》记载，东都皇城西面有两门，南曰丽景门，北曰宣辉门。丽景门是洛阳古城的西大门。

自从代表夏、商、周三朝王权的九鼎置于洛阳后，这个古代称为"天中"的洛阳，就成为历朝

历代必争之地，英雄、枭雄竞相表演。

隋唐时代，丽景门内是朝廷诸省、府、卫、堂、馆、局、台、寺的办公场所，另有内坊，左、右春坊等供官员居住。

丽景门内右侧为大社，是百官及万民祭祀土神和谷神的地方。由隋唐至宋，各代所设的官衙名称不尽相同，但所设的省、府、台、卫等大抵如此。

据《河洛民风》记载：

丽景门长期以来是百官及万民祭祀神的地方，祈福风调雨顺，国泰民安，富贵吉祥，合家平安。

这说明丽景门的兴盛繁荣、经久不衰是和它所处的地理位置有密切关系的。

丽景门占地面积18000多平方米，城门楼共分四层，由城门楼、瓮

城、箭楼、城墙、丽景桥和护城河等部分组成，其城垣高厚，月城宏阔，重门叠关，上干浮云，气势磅礴，成为洛阳老城历史文化古城街区的龙头。

丽景门的规模之宏大在河南古建筑中居于首位，成为洛阳古城历史文化最具特色的标志，是为中原第一楼，古都第一门。

丽景门城楼内设有天后宫、九龙殿、贤良庙、观音阁和城隍庙等大型号

宫殿。武则天等功绩卓著的皇帝都有在九龙殿内供奉。

丽景桥桥柱上的汉白玉古狮形态各异，扶揽凭吊，河水轻轻在桥下流淌，进入瓮城，抬眼望去，巍巍古庙立于箭楼之上，登城而上，直至最高层的景点。

南北两侧，有象征洛阳十三朝古都的十三根描金龙柱，似一排昂首而立的勇士守卫着城楼，沿着雕梁画栋的弧形长廊站立。这里曾是历代进行百官及万民祭祀神灵祈福纳祥之处。

在九龙殿内，面西为对洛阳历史有重大影响的九位商尊之像，面东为浮雕九龙壁，其形源自故宫的九龙壁，彩龙飞舞，栩栩如生。这是一座二层庙宇，踏着木梯而上，二层名为"归良庙"，塑有"福、禄、寿"三神，位中之尊为武圣关羽，被奉为财神，每逢阴历初一和十五，香雾缭绕，好不热闹。

定鼎门是隋唐洛阳城外郭城正门，隋初名建国门，唐时更名定鼎门。位于隋唐城中轴线上。605年，隋炀帝营建东都，次年迁都洛阳，

成为第一个通过定鼎门的皇帝。

之后，定鼎门相继被唐、后梁、后唐、后周和北宋定为洛阳外郭城正门，直到北宋末年，才逐渐废弃。定鼎门作为郭城南垣正门的时间长达530年，是我国沿用时间最长的古代都城城门。

定鼎门以城门楼为中心，东西两侧对称分布有东西飞廊、东西阙楼及左右马道，总面积约13万平方米，东西长161米，两侧辅以200米的城墙。

盛唐时定鼎门为三门道过梁式建筑结构，古代实行"左入右出"，三个门道中东门道用于进城，西门道用于出城，中门道为帝王专用的御道，三个门道的宽度均为5.8米。

门扉是安装在门道中部的，东门道北端被古洛渠破坏，门道的东西两侧各对称布有15方地栿石，对称分布，用于安装大型排叉柱。排叉柱一半包在隔墙里面，一半明露并涂有红漆。

排叉柱的下面有榫，安放在地栿石的榫窝内，增强柱子的稳定性，同时起到支撑城门的承重作用。地栿石彼此之间留有间隙，砌青砖为壁，其外抹有白灰墙皮，墙皮外装饰有红色颜料。

中门道，破坏最为严重，仅存三方的地栿石，在地栿石下面铺有整砖和残砖，砖块下面有河卵石，河卵石下面还有坚实的夯土层。

西门道，保存有地栿石、门砧石、立颊石、车道石、撞石和路土等，门砧石上面居中有安嵌立颊石的凹槽和安嵌门臼的臼窝，立颊石上面有安装门框的长方形凹槽，侧面凿有镶嵌门限的凹槽。

车道石保存着车辆反复碾压所留下来的痕迹，地栿石的外侧有撞石，用于防止车辆撞击城门而设置。城墙外侧有五层包砖，包边砖均为斜面，砖缝很小，砌筑十分考究。

每块砖都比现在的砖要大很多，重量在3.3千克至3.4千克之间，有着很严格的要求。砖在隋唐时期非常珍贵和稀少，只有皇家才能享有包砖的待遇，不仅美观而且可以有效保护墙体。

飞廊约长33米，是连接城门楼和阙楼的通道，相当于走廊的作用，由于在外侧看上去又像城门楼的翅膀一样，所以后人起名为飞廊。

隋唐时期流行两种飞廊形式，一种平面呈曲尺形，一种平面呈长方形。曲尺形飞廊见于宫城正门应天门和长安大明宫含元殿遗址，长

方形飞廊仅见于定鼎门。

飞廊的北侧分别有东西马道，是用于登城门楼的，古时将军可以骑着马直接登上城楼，战时也可方便士兵们运输粮草和一些战备品。后来仅存有基础的部分，残约21米，宽4.7米，坡度在20度左右。

阙楼是用于瞭望和守卫的，南北两侧均比飞廊突出2.8米，作为外郭城正门定鼎门的双阙与主城门楼呈一字形对称平行分布。而作为隋唐宫城正门应天门的双阙则分别向南凸出，呈"凹"字形，与定鼎门形成鲜明对比。

西涵道是穿南城墙而过、连接城内外水系的涵道。长度为3.1米，由大块青石砌成，中间一条菱形的分水棱石，将涵道一分为二，每条水道宽0.8米。底部石面上发现16个菱形榫眼，用于安装铁栅栏，主要作用是防止人们顺水道出城入城。

知识点滴

洛阳附近的荆州古城，是我国南方保存最为完好的一座古城。古城之城墙由土城和砖城互相依托而成，城墙高9米宽约10米，周长11.3千米，是依照明代旧基修复而成的。

环绕城墙的护城河最宽处60余米，最窄处10余米，蜿蜒曲折，与城墙融为一体，构成水城、砖城、土城三道防线。

古城原有六座城门，即大东门、小东门、南门、西门、大北门和小北门，原来每座城门包括城楼、箭楼和瓮城，现在只有大北门和大东门有城楼，其他城楼均已毁。

除小东门外，每座城门均有配套的桥梁跨过护城河，便于通行。小东门没有桥梁道路，而是设有码头的"水门"。